ANDREA JESKA | Wir sind kein Mädchenverein

Andrea Jeska

Wir sind kein Mädchenverein

Frauen in der Bundeswehr

Brigitte Buch
im
Diana Verlag

FSC
Mix
Produktgruppe aus vorbildlich bewirtschafteten Wäldern und anderen kontrollierten Herkünften
Zert.-Nr. SGS-COC-1940
www.fsc.org
© 1996 Forest Stewardship Council

Verlagsgruppe Random House FSC-DEU-0100
Das für dieses Buch verwendete
FSC-zertifizierte Papier *Munken Premium Cream*
liefert Arctic Paper Mochenwangen GmbH.

BRIGITTE-Buch im Diana Verlag

Redaktion | Regina Carstensen
Satz | Leingärtner, Nabburg
Druck und Bindung | GGP Media GmbH, Pößneck
Printed in Germany 2010
978-3-453-29096-9

www.diana-verlag.de

Inhalt

Vorwort

Die Wegbereiterinnen

»Krieg ist manchmal notwendig.« Dies ist der Kernsatz aus der Friedensnobelpreisrede des amerikanischen Präsidenten Barack Obama in Oslo. Gewaltfreiheit, so Obamas Argument, hätte weder Hitler bezwungen, noch könne diese Al-Qaida-Anführer zur Aufgabe bewegen.

Krieg um des Friedens willen? Gewalt für Gerechtigkeit? Doch wieder ein Auge für ein Auge? Die Gewalt als legitimes, ja notwendiges Mittel, um den Bösewichten dieser Welt beizukommen, würde bedeuten, es gibt einen gerechten und einen weniger gerechten Krieg, es gibt Tote, die um der richtigen und solche, die um der falschen Ideologie willen gestorben sind. Bedeutet: Manche Menschen darf man töten und sich dabei als Verhinderer von Unrecht sehen. Wer aber will entscheiden, was Unrecht ist? Wer darüber wachen, dass Gerechtigkeit nicht immer nur Eigeninteresse meint?

Die Diskussion um Gewalt als legitimes Mittel, um größere Gewalt zu verhindern, gibt es seit der Antike. Die Idee des *bellum iustum* wurde von Cicero begründet, von Aristoteles und Thomas von Aquin weiterentwickelt und fand schließlich Eingang in moderne Völkerrechtstheorien. Was Obama in Oslo formulierte, ist also nicht neu, sondern lange schon normative und ethische Grundlage zwischenstaatlicher Konflikte. Zumindest theoretisch. Denn gerecht ist ein Krieg nach der Definition nur, wenn er mit dem rechten Grund und in der rechten Absicht geführt wird. Diese darf einzig und allein sein, den Frieden wiederherzustellen. Rache, Herrschsucht, Gewinn von Territorium, Einfluss und auch wirtschaftlicher Gewinn stehen dem gerechten Gedanken entgegen. Um wirtschaftlichen Gewinn aber geht es bei den heutigen Konflikten stets auch.

Krieg, dieses Wort hat bislang in Deutschland weder Eingang ins politische Vokabular gefunden, noch ist es ins öffentliche Bewusstsein gedrungen, dass Barack Obama nicht allein von Amerikas Kriegen sprach. Sondern auch von unseren. Denn wie lange werden wir uns diesem Gedanken, dass der Westen sich militärisch positionieren und Gewalt anwenden muss, verschließen und in der europäischen Kuschelzone verharren können? Oder verharren wir schon gar nicht mehr, sind, unbemerkt von der Öffentlichkeit, die Armeen schon aufgezogen?

Ich komme aus einer Generation, die den Slogan prägte: »Stell dir vor, es ist Krieg, und keiner geht hin«. Das Militär war für uns Friedensbewegungskinder ein Symbol für Zerstörung, Machtwahn und Imperialismus. Ein wenig wirklichkeitsfern glaubten wir, mit Lichterketten die Welt dort erhellen zu können, wo sie dunkel ist. Wer Kriege führte, der war per se im Unrecht, wer aber Friedenslieder sang, war ein guter Mensch.

Seither sind viele, die in den späten Siebzigern, frühen Achtzigern an eine Welt glaubten, die einmal ohne Kriege auskommen würde, nüchterner, vielleicht zynischer geworden. Wir haben verstanden, dass Kriege nicht stattfinden, weil es Soldaten gibt.

Obama aber hat dieser Realität noch wieder eine neue Richtung gegeben. Dass einer den Nobelpreis bekommt, der Präsident eines Landes ist, welches im Namen des Guten gegen das vorgeblich Böse zwei Kriege anzettelte, kann man kritisieren. Mehr aber noch kann man es als Indiz für genau das deuten, was Obama zum Ausdruck brachte: Krieg zu führen wird wieder hoffähig.

Denn noch während die Rede des amerikanischen Präsidenten in Oslo verhallte, wurde in Deutschland offenbar, dass der von dem deutschen Oberst Klein entschiedene Angriff auf zwei Tanklastzüge, dem vielleicht 100 Zivilisten zum Opfer fielen, mitnichten ein Alleingang oder ein bedauerlicher Fehler, sondern Teil einer neuen militärischen Strategie war. Vereinfacht gesagt: In militärischen und politischen Kreisen hatte man genug vom Schmusekurs in Afghanistan, war mit der Geduld gegenüber den Taliban am Ende, wollte endlich härter durchgreifen. Wie viele Zivilisten aber müssen sterben, damit Gewalt aufhört, legitim zu sein? 50? 500? 5000?

Die Bundeswehr und ihre Auslandseinsätze, die Entscheidung, unter welchen Umständen und mit welchen Mitteln man Kriege führen darf, sind wieder aktuell und bedürfen einer Antwort. Einer gesellschaftlichen sowie einer militärischen. In Deutschland wird die militärische Richtung seit nunmehr zehn Jahren nicht mehr nur von Männern vorgegeben, sondern auch Frauen mischen mit. Noch ist deren Einfluss verhalten, weil ihre Laufbahn sie bislang nicht in die entscheidenden Positionen führte, künftig aber werden Frauen bei der Bundeswehr auch einflussreiche Positionen besetzen.

Die Frau wurde in der abendländischen Gesellschaft, nicht nur von Männern, sondern auch in den Kreisen der Feministinnen, lange als friedfertiges Wesen gesehen, unfähig zu Gewalt und damit untauglich für den Krieg. Nicht gesellschaftliche Veränderungen, sondern ein Urteil des Europäischen Gerichtshofs führte letztlich dazu, Frauen den Dienst an der Waffe zu gestatten. Seither hat sich die Welt verändert. Jene jungen Frauen, die 2001 in die Streitkräfte eintraten, sind mitgezogen worden in den Strudel der Terrorismusbekämpfung, sind in Einsätze entsandt worden, deren Ausmaß sie bei ihrem Eintritt in die Bundeswehr noch gar nicht ermessen konnten. Wer sind diese jungen Frauen, was treibt sie, welche Rolle haben sie innerhalb einer bislang von Männern dominierten Welt?

16300 von 253000 Soldaten bei der Bundeswehr sind Frauen. In diesem Buch wird nur von einigen erzählt, und es wäre falsch zu glauben, damit sei auch von allen anderen erzählt. Begegnet sind mir kleine und große, dicke und dünne, laute und leise, intelligente und weniger intelligente Frauen. Sie entstammen allen Schichten der Gesellschaft, und doch gibt es verbindende Elemente. Den Frauen, die ich interviewte, war eine gewisse Burschikosität, Nüchternheit, manchmal sogar Kühle gemeinsam. Keine erweckte den Eindruck, je zimperlich zu sein, um Befindlichkeiten zu kreisen, sich in Gefühlsduseleien oder gar ständiger Selbstbetrachtung zu ergehen.

Seit Januar 2001 stehen Frauen jede Laufbahn und Verwendung bei der Bundeswehr offen. Wenn sie wollen, können sie Tornados fliegen, Panzer fahren, Schiffe befehligen, Kampfschwimmer werden, Minen entschärfen, Kompanien führen, militärische Taktiken und Strategien entwickeln. Fast 12000 Frauen haben – zusätzlich zu den über 4000, die bereits im Sanitätsdienst arbeiteten – seit der Öffnung die letzte Männerbastion gestürmt und dort nicht nur den Ton verändert, sondern inzwischen die ersten Führungspositionen besetzt. Ganze Kompanien stehen stramm vor einem Befehl aus Frauenmund, ganze Mannschaften hören auf einen weiblichen Offizier.

Theoretisch könnten Frauen bei der Bundeswehr alles machen. In der Praxis aber gibt es noch immer militärische Aufgaben, für die Frauen rein anatomisch nicht die erforderliche Kraft aufbringen. Bislang fliegen lediglich zwei Frauen Tornados, sind bei den Kampfschwimmern Männer noch immer unter sich, haben nur 321 Frauen eine Fahrerlaubnis für schwere Panzer. Es hat sich gezeigt, dass Soldatinnen wenig Interesse an jenen Positionen und Verwendungen haben, die ganz offensichtlich »militärisch« sind, wo die Gefahr, in bewaffneten Auseinandersetzungen zu sterben, am größten ist. »Frauen bleiben den Schlammzonen fern«, hat ein Sozialwissenschaftler der Bundeswehr beobachtet und begründet das mit »weiblicher Intelligenz«. Doch auch wenn Frauen die Gefahr meiden, dieselben Leistungen wie die Soldaten müssen sie dennoch erbringen, einen leichten Weg durch die Ausbildung gibt es für sie nicht.

»Flintenweiber« oder gar »Kampfmaschinen«, wie die Boulevardpresse 2001 die neuen Soldatinnen bösartig betitelte, sind mir nicht begegnet. Auch wenn die Motivation, zur Bundeswehr zu gehen, sehr unterschiedlich ist, die Frau, die aus Spaß an der Waffe, an Kriegsspielen oder aus Machtstreben Soldatin wird, ist mit Sicherheit eine große Ausnahme. Die meisten sehen in der Bundeswehr eine berufliche Herausforderung. Alternativ hätte vielen ein Bürojob offen gestanden, in dem sie befürchteten zu versauern. Lust auf Abwechslung, sportlicher Ehrgeiz, Spaß an Tätigkeiten im Freien, das sind Gründe, warum Frauen zur Bundeswehr gehen. Da gibt es zielstrebige wie Helena Linder, die in der Bundeswehr eine Karrierechance sieht. Andere, wie Katrin Brandt, die viel Spaß an ihren täglichen Aufgaben haben, denen Menschenführung ein Anliegen ist. Manche, wie etwa Meryem Özsu, die aus einer türkischen Familie kommt, wollen staatsbürgerliche Verantwortung übernehmen. Und dann gibt es noch eine ganze Reihe von Frauen wie Jana Hartwig, denen ein sicherer Arbeitsplatz wichtig ist. Nicht alle fanden ihre Selbstverwirklichung, manche wurden in ihren Erwartungen auch enttäuscht. Verena Bromme zum Beispiel, deren Laufbahn schiefging und die mit Kratzern auf der Seele aus Afghanistan zurückkam. Zu diesen »Kratzern« äußert sich Psychiatrieexperte Dr. Peter Zimmermann, der meint, Soldatinnen seien anfälliger als Männer für »einsatzbedingte seelische Folgen« bis hin zum posttraumatischen Belastungssyndrom.

Künftige Generationen werden sich nicht mehr bewusst sein, dass es in Deutschland einmal eine Armee ohne Frauen gab, werden die Option, Soldatin zu werden, selbstverständlich für einen möglichen Berufsweg halten. Dieses Buch berichtet von jenen, die für diese Selbstverständlichkeit Vorreiterinnen waren und künftigen Soldatinnen den Weg ebneten.

Sie haben die Bundeswehr nicht verändert, aber den Ton gemildert, die Ecken und Kanten geschliffen, die Kommunikationsfähigkeit erhöht, den allgemeinen Umgang miteinander freundlicher gestaltet. Sie haben Maßstäbe geschaffen, die Zähne zusammengebissen und um Leistung und Anerkennung gekämpft.

Erstmals in der Geschichte der Bundesrepublik sind Frauen aktiv in kriegerische Konflikte eingebunden, verteidigen auch sie mit Waffen die Ziele der verschiedenen Auslandsmissionen. Bevor sie sich aufmachen, ihren Dienst am Vaterland auch als Dienst für den Frieden der Welt zu erfüllen, erhalten sie Einweisungen, Anleitungen, Training. Der mögliche Tod reist mit im Gepäck, die Angst auch.

Fern aller wertender Betrachtungen, ob nun die Öffnung der Bundeswehr für Frauen, bezogen auf Gleichberechtigung und Freiheit, eine positive oder negative Entwicklung ist, fern der Frage, ob alle Auslandseinsätze der Streitkräfte sinnvoll oder unsinnig sind, gebührt den Soldatinnen Anerkennung, auch öffentliche. Sie sind leistungsbereit, stellen sich einer militärischen und einer gesellschaftlichen Verantwortung, behaupten sich in ihrer Welt und gegen die Vorurteile der Außenwelt. Und sie legen einen großen Spagat hin, um sich ihre Weiblichkeit in einem Beruf zu erhalten, in den manche Männer gehen, weil sie dort noch wahrhaft Mann sein können.

»Es ist eine Auszeichnung«, sagte Obama über seinen Friedensnobelpreis, »die unsere größten Hoffnungen anspricht, dass ungeachtet aller Grausamkeiten und Mühsal in der Welt unsere Handlungen doch von Bedeutung sind, dass wir nicht nur Gefangene unseres Schicksals sind.« Die Soldatinnen, mit denen ich sprach, haben diese Botschaft schlichter ausgedrückt. Aber es war dieselbe Botschaft. Sie tun, was sie tun, weil sie daran glauben, mit ihrem Einsatz nicht die Welt, aber doch einen winzigen Teil davon sicherer und gerechter zu machen. Sie handeln: stellvertretend für all jene, die nur von Gerechtigkeit reden – und nichts tun.

1

»Man lernt, sich zu beherrschen«

Stabsärztin Dr. Anna-Sophie Torke,
Bundeswehrkrankenhaus Hamburg, Abteilung Chirurgie

Fast hätte Anna-Sophie Torke das Treffen vergessen. Versunken in die Installation einer Funkanlage für die Telefone in ihrer Wohnung, war ihr das Verrinnen der Stunden entfallen, und als sie kam, tat sie das mit Eile. Allein aufgrund ihrer Stimmlage am Handy hatte man sie sich dunkelhaarig und kleiner vorgestellt, nicht mit dieser großen, kräftigen Frau mit breiten Schultern und streng zurückgebundenen Haaren gerechnet.

Sie trägt Joggingschuhe und geht mit ausholenden Schritten. Ihre Bewegungen sind kantig, wie man es von jungen Männern kennt, die noch nicht wissen, wohin mit sich, mit der Länge der Arme und dem restlichen Körper. Anna-Sophie Torkes Körperhaltung bestätigt, was Untersuchungen über die Integration von Frauen in die Bundeswehr ergaben: Sie passen sich in Gestus, Habitus, Sprache und Mimik ihren männlichen Kollegen an – wie sich jede Minderheit einer Mehrheit anpasst, wenn das Verhalten der Mehrheit die erwünschte Norm ist.

Es ist ein warmer Nachmittag in Hamburg-Barmbek, eine halbe Stunde hat sie gebraucht, um von ihrer Wohnung in der Nähe des Krankenhauses bis in das Restaurant zu kommen. Die »T.R.U.D.E« hat sie ausgewählt. Sie sagt, es sei ihr Lieblingsrestaurant, dabei könnte man sie sich viel besser in einem Alternativcafé als in diesem piekfeinen Lokal vorstellen. Drinnen sitzen an Tischen gepflegte Damen und essen Salate mit Putenbruststreifen, draußen kann man auf Teakstühlen oder in Ibiza-Rattansofas Platz nehmen. Doch draußen will man nicht bedienen, Regengefahr, informiert eine Tafel, doch Anna-Sophie Torke sagt: »Papperlapapp«, das könne doch nicht sein, sie werde mal nach dem Rechten sehen. Als sie wieder erscheint, hat sie die Kellnerin mit Bestellblock im Schlepp. Das Burschikose erscheint bei Torke wie eine zweite Haut, und es bleibt auch in ihren Gedanken und Ansichten hängen. Das Weiche und Nachgiebige, das Eitle und Putzsüchtige sind ihr fremd. Kein Make-up im Dienst, das vereinbare sich nicht mit der Uniform und auch nicht mit dem Auftrag, der Rolle eines Soldaten. »Ich bin kein Weibchen«, bemerkt sie und glaubt, für solche sei auch kein Platz bei der Bundeswehr. »Ich sag mal so: Wenn eine ihr Gucci-Täschchen und drei Stunden vor dem Spiegel braucht, dann ist sie bei der Bundeswehr nicht richtig.«

Anna-Sophie Torke hat ein Ziel. Sie möchte Berufssoldatin werden. »Natürlich weiß man nie, ob das klappt, aber es würde mich sehr freuen, wenn ja.« Berufssoldaten haben – im Gegensatz zu Wehrpflichtigen und Zeitsoldaten – eine unbefristete Dienstzeit in der Armee. Zum Berufssoldaten wird man ernannt, zum Zeitsoldaten kann man sich verpflichten. Die Ernennung hängt von Eignung und Leistung ab, also vom Abschneiden bei Lehrgängen und Sportprüfungen sowie von der Beurteilung durch die Vorgesetzten. Über die Ernennung der Berufssoldaten wird einmal im Jahr entschieden. Auf jede freie Stelle kommen vier Bewerber. Als Berufssoldat hat man einen beamtenähnlichen Status. Das ist die Erklärung dafür, für die einzelnen Soldatinnen aber ist es mehr als nur die Sicherheit einer lebenslangen Anstellung und eines Gehalts. Es zum Berufssoldaten zu bringen, bedeutet, sich in der Männerdomäne Bundeswehr behauptet zu haben, das Vorurteil, Männer erbrächten bessere Leistungen, eindeutig widerlegt zu haben. Auch für jeden Mann ist dieser Status eine Auszeichnung seiner Fähigkeiten, für die Frauen aber ist es der Beweis, sich auf eine Stufe mit den Männern gestellt zu haben.

Wenn Oberleutnant Dr. Torke also Berufssoldatin werden sollte, dann möchte sie außerdem Fachärztin für Chirurgie werden, Spezialgebiet noch offen. Schon jetzt, gerade mal siebenundzwanzig Jahre alt, gerade mal seit acht Jahren bei der Bundeswehr, ist sie Stabsärztin bei der Marine. Gute Position, gutes Geld, viel Sicherheit, maximale Freiheit im Dienst. Solche Vorteile zählt sie auf. Aber all das sei nicht entscheidend. »Ich habe bislang eigentlich immer nur das gemacht, was mir Spaß macht, und das hat mir gutgetan. Ich gehe nicht mit einem festen Plan durch mein Leben.«

Die Bundeswehr als ein Berufsfeld ohne festen Plan, offen für Wandlungen und eigene Wege? Oder doch eher ein Bereich, in dem man keinen Plan haben muss, weil alles vorgeplant ist? Beides, sagt sie. Die Karriere sei schon sehr strukturiert, doch innerhalb der Struktur bleibe genügend Raum für Entfaltung. Zumindest im ärztlichen Bereich.

»Stabsärztin« ist ein Wort, das sie mit Stolz ausspricht. Nicht zu viel, auch Eitelkeit ist ihre Sache nicht. Was sie daran schätzt, an diesem Wort, ist die ganze Leistung, die dahintersteht. »Ich bin ja nicht nur Ärztin, ich bin auch Vorgesetzte und Repräsentantin meines Landes und meiner Teilstreitkraft.«

Um die medizinische Versorgung der Bundeswehrsoldaten und den Zustand der Bundeswehrkrankenhäuser ist es, das kann man im Sommer 2009 in der Presse lesen, nicht gut bestellt. Veraltet die Einrichtungen und die medizinischen Geräte, die Ärzte laufen der Bundeswehr davon, über ein Schlupfloch in der Verpflichtungsregelung für Beamte ist dies möglich, wenn sie eine C3-Professur an der Universität erhalten. Die Bundeswehrkrankenhäuser kämpfen um Personal und Patienten. Ärzte, die wie Torke gern bei der Bundeswehr bleiben wollen, scheint es nicht mehr so viele zu geben.

2001, als Anna-Sophie Torke Soldatin wurde, eroberte der erste Frauenjahrgang alle Bereiche der Bundeswehr. Die Medizin war da schon lange eine Frauendomäne bei den Streitkräften. Torke wollte zur Marine. Heer, Luftwaffe, das gab ihr nichts, es sollte das Wasser sein, auch wenn sie zur Seekrankheit neigt. Doch sie wuchs auf in der Weite von Schleswig-Holstein, umgeben von Meeren und Seen, alles Binnenländische ist ihr zu beengt. Die Kindheit in Hohenweststedt, ein Kaff in der Nähe von Rendsburg. Kaum Industrie, nur Felder, Wiesen, Kuhherden, die sogar entlang der Autobahn weiden, und dazwischen immer wieder die holsteinischen Seen, deren Namen jedes Kind in diesem Bundesland in der ersten Schulklasse auswendig lernen muss. »Schön war es«, sagt Torke über ihre Kinderjahre, aber dann wollte sie dort weg. Reisen, Abwechslung, etwas erleben. Elterliche Prägungen für die Entscheidung, zur Bundeswehr zu gehen, gab es nicht. Der Vater ist Heizungsbauer, die Mutter kaufmännische Angestellte, die Einstellung der Eltern gegenüber der Bundeswehr eher kritisch. Die Tochter, Einzelkind, geht seit dem vierzehnten Lebensjahr zu den Pfadfindern und ist »gewöhnt, mich in einer Gruppe einzupassen«.

Die Eltern waren geschockt, sagt sie, als sie von ihren Plänen erzählt. »Ach, Kind, muss es die Bundeswehr sein?« Von Gefahren war damals noch nicht die Rede, die weltweite Koalition gegen den Terrorismus hatte noch nicht begonnen, noch standen auch die Türme des World Trade Centers. Der Vater hatte ein tiefes Misstrauen gegen die Armee, die Mutter bedauerte, dass die Tochter nun fortzieht. Später, als Anna-Sophie Torke zu Hause erzählt, ihre Arbeit gern zu machen, an ihrem Alltag im Krankenhaus Freude zu haben, wird die Einstellung der Eltern etwas milder. Die Vorbehalte gegenüber der Bundeswehr aber sind geblieben. »Damit müssen wir als Familie leben.«

Bevor sie sich entschied, Soldatin zu werden und auf Kosten der Bundeswehr zu studieren, hörte sie sich gründlich um. »Siebzehn Jahre, die man sich, um Bundeswehrärztin zu werden, verpflichten muss, sind schließlich keine kurze Zeit.« In Hohenweststedt, in dieser infrastrukturell schwachen Region, entscheiden sich viele für die Bundeswehr, und sie fand genügend Menschen, die ihr Bericht erstatteten. In den Ferien absolvierte sie ein Truppenpraktikum. Im Dezember 2000 fuhr sie zum Einstellungstest für Anwärter der Offizierslaufbahn nach Köln. Von dreiundsechzig Bewerbern blieben nach allen

Prüfungen sieben übrig, der Rest, sagt Torke, fiel wegen gesundheitlicher Einschränkungen weg. »Oder weil die zu weich waren.«

Die Grundausbildung fand sie einfach. Sportlich und gern an der Luft, das reicht, meint sie, um da gut durchzukommen. »Ohne Ende geliebt« hat sie dann die für Offiziersanwärter bei der Marine obligatorischen zwei Monate auf dem Segelschulschiff *Gorch Fock*, und das, obwohl sie die ersten drei Wochen seekrank war. Was ihr gefiel? Kameradschaft und der Zusammenhalt an Bord. Zweihundert Menschen auf einem Schiff, davon 120 Segelschüler, achtzig Mann Stammbesatzung, unter den Schülern ein Sechstel Frauen. »Es gab welche, die hatten schreckliches Heimweh, und welche, die haben getröstet. Es gab auch welche, die haben quergetrieben. Und andere haben dagegengehalten.«

Zwei Monate keine Privatsphäre. Sie lernt abzuschalten, auch wenn »es manchmal so schien, als ob draußen die Welt untergeht«. Immerhin gibt es, nach einem Umbau des Schiffes, Duschkabinen nur für Frauen. Doch der Raum, in dem die Soldatinnen in den Hängematten schlafen, ist vom Männerbereich nur durch einen Vorhang getrennt. »Das hat mich nicht gestört, meine Kameraden haben mir bestimmt nix abgeguckt.« Zwei Monate, in denen sie auch Bekanntschaft mit emotionaler Disziplin macht. »Durch das enge Zwischenmenschliche lernt man, sich zu beherrschen. Und wenn man dann doch mal einen anpöbelt, nimmt einem das keiner übel.«

Im Winter 2002 soll sie vor dem Studium noch einmal mit ihrer Teilstreitkraft vertraut gemacht werden. »Damit man die Marine nicht vergisst und sich zugehörig fühlt. Die Bräuche und Traditionen kennenlernt.« Sie kommt zu Lehrgängen an die Marineschule Mürwik bei Flensburg. Die gilt als guter und leichter Standort, als ein Ort, an dem der Ton gepflegt ist. Unter Offiziersanwärtern ohnehin. Sie lernt Nautik und Navigation und macht anschließend noch ein Praktikum auf einem Minensuchboot. »Marine zum Liebhaben«, nennt sie die Zeit: Es war maximaler Spaß und viel Abenteuer.

Dann ist erst einmal Schluss mit der militärischen Rolle. Anna-Sophie Torke studiert wie alle Mediziner bei der Bundeswehr an einer zivilen Uni, der Universität in Hamburg. Sie ist eine ganz normale Studentin. Mit der Möglichkeit, in einer finanziell gesicherten Komfortzone zu studieren, wirbt die Bundeswehr um Offiziere. 1500 Euro gibt es netto für die Studenten und Studentinnen, dafür werden von ihnen höchste Leistungen erwartet. »Das Geld ist ja das eine, aber man muss schon ganz schön ackern«, sagt Torke.

Viele der Kommilitonen seien erstaunt gewesen, wenn sie erzählt hat, sie sei Soldatin. Sie konnten sich dieses Nebenleben nicht vorstellen. Auch für den damaligen Freund war sie einzig die Studentin Anna-Sophie. Das änderte sich erst, als die sechs Jahre im zivilen Leben vorbei waren und sie für einige Wochen zu postuniversitären Lehrgängen nach München ging, sich von der Studentin wieder in die Soldatin verwandelte, in eine Frau in Uniform mit Schulterstreifen, militärischem Titel und Auftrag.

Als sie zurückkam, meinte der Freund, sie habe sich verändert, sei härter geworden. Ihr selbst sei das nicht bewusst gewesen, sagt sie, räumt aber ein, es sei durchaus möglich. »Es ist schon so, wenn man in einem militärischen Alltag ist, dass der Ton ein wenig rauer wird.«

Damit sei ihr Freund nicht klargekommen, ihr neues Selbstbewusstsein habe die Rollen verschoben, die Balance des Paar-Seins erschüttert. Womöglich sei das eine Belastung für alle Beziehungen, in denen sich ein Zivilist und ein Soldat zusammentun, das gelte nicht nur für die Frauen beim Militär. Sie kenne viele Bespiele unter ihren männlichen Kameraden, deren Ehen und Beziehungen an den ganz besonderen Anforderungen einer militärischen Laufbahn scheiterten. »Und auch an verschiedenen Weltbildern. Ich bin nun mal auch für mein Land angetreten, da muss das Privatleben oft zurückstehen. Das verstehen viele nicht.«

Seit der Trennung ist sie Single – und nicht unglücklich dabei.

»Mit der Planung meiner Karriere habe ich genug zu tun. Zu Familie und Kindern würde ich ohnehin erst mal Nein sagen, das passt nicht in mein Leben.« Ohnehin, sagt sie vorsichtig, wären Bundeswehr und Kinder nicht wirklich vereinbar. »Mit Kindern hat man es bei uns als Frau schwer.«

Sie hat einen großen Freundeskreis, den hält sie für stabil genug, auch die zukünftigen Herausforderungen auszuhalten, die bevorstehenden Auslandseinsätze. Für Afghanistan hat sie sich bereits beworben. »Ich will mir einfach selbst endlich ein Bild machen können.« Ein Einsatz, den sie nüchtern sieht, unkritisch jedoch nicht. »Man muss darüber offen reden. Auch über die Möglichkeit, nicht wiederzukommen, darüber, dass man den anderen vielleicht Schmerz oder einfach nur Sorgen bereitet.« Der Tod? Wie fügt sich der ein in die Pläne? Anna-Sophie Torke wechselt von der Ich-Form ins Unpersönliche. Damit müsse man stets rechnen, auch wenn man sich da nicht ständig Gedanken drüber mache. Die Gefahr sei nun mal nicht auszuschalten, aber das habe sie schließlich immer gewusst. »Natürlich weiß man, dass Soldat sein auch heißt, in den Krieg zu ziehen. Vielleicht kann man sich mit neunzehn Jahren nicht vorstellen, was das konkret bedeutet, aber das kann man doch nie, solange man es nicht erlebt hat.«

Was sie sich denn vorstelle unter diesem Einsatz, will ich abschließend noch wissen. Und sie sagt: »Wenig. Das Fassbare stammt von jenen, die zurückkehren, aber die erzählen bei Weitem nicht alles.«

2

Vor Gericht: Tanja Kreil und die Andersartigkeit der Frauen

Der Tag, der die Bundeswehr ins Weibliche verkehrte, war ein kalter Dienstag im Januar 2000. In Luxemburg lagen die Temperaturen bei minus sieben Grad, der Himmel war bewölkt, und als sich die Beteiligten des Falls Kreil gegen die Bundesrepublik Deutschland vor dem Europäischen Gerichtshof in der Rue du Fort Niedergruenewald einfanden, gingen kalte Winterschauer nieder.

Juristisch gesehen war dieser Tag ein Triumph für ein vereintes Europa und ein Sieg über eng gefasste Nationalstaatlichkeit. Erstmals in der Geschichte der Europäischen Union stand Europarecht über Staatsrecht, hebelte der Europäische Gerichtshof (EuGH) ein Nationalgesetz aus.

Doch dieser Aspekt verlor sich angesichts der sensationellen Nachricht, dass die damals dreiundzwanzigjährige Elektrotechnikerin Tanja Kreil einen Prozess gegen ein Land gewann, gegen Deutschland, aber auch einen ideologischen Sieg über all jene, die einer Gleichberechtigung zwischen den Geschlechtern skeptisch gegenüberstanden – wenigstens in einem besonderen Fall.

Vielleicht kann man sagen, im Luxemburger Gerichtssaal erklang der Paukenschlag zu einem lang währenden Trommelsolo, zu der schon seit Jahren geführten Debatte, ob die Bundeswehr Frauen den Zugang zu den bewaffneten Einheiten verwehren darf oder nicht. Im Mittelpunkt des Prozesses stand die Frage, ob die geschlechtliche Gleichbehandlung vor Waffen, vor Krieg haltmacht. Der EuGH unter dem Vorsitz von Generalstaatsanwalt Antonio La Pergola urteilte: Artikel 12a, Absatz 4 des deutschen Grundgesetzes, welcher besagt, Frauen dürften keinen Dienst an der Waffe leisten, verstoße gegen das Europarecht. Es sei gegen den Anspruch auf Gleichberechtigung, Frauen nicht alle Einheiten der Bundeswehr zu öffnen.

Deutschland hätte sich querstellen, den Artikel 12a so lassen können, wie er war. Das Urteil aus Luxemburg war nicht zwangsläufig in politische Konsequenz umzusetzen, es nicht zu tun, hätte wohl aber nach Sturheit ausgesehen und den unguten Eindruck erweckt, Deutschland ginge einen Einzelweg, nicht den europäischen.

Wer aber war die Frau, die eine ganze Armee »zu Fall« brachte? Tanja Kreil war ein schlaksiges junges Mädchen in der Ausbildung bei der Firma Siemens und ohne Aussicht auf eine Übernahme beim Konzern. Sie hatte sich bei der Bundeswehr darum beworben, Waffen instand zu setzen. Da laut Grundgesetz Artikel 12a, Absatz 4 Frauen keinen Dienst an der Waffe leisten durften, wurde ihre Bewerbung abgelehnt. Daraufhin hatte die zu dieser Zeit Neunzehnjährige zunächst mit mentaler, dann mit tatkräftiger Unterstützung der Bundeswehr im Jahr 1996 Klage beim Verwaltungsgericht in Hannover wegen geschlechtlicher Diskriminierung erhoben und sich dabei auf die europäische Richtlinie 76/207 zur Gleichberechtigung von Männern und Frauen von 1996 berufen. Kreil ging es nicht um den Dienst an der Waffe, darauf sei sie gar nicht erpicht, sagte sie in einem Interview, sondern um die Chancengleichheit bei der Bewerbung um einen Arbeitsplatz. Besser mit der Waffe in der Hand, als ohne alles dazustehen.

Das deutsche Gericht reichte die Sache weiter an den EuGH. Damit wurde aus dem Fall »Kreil gegen die BRD« nun ein Fallbeispiel für nationale Souveränität versus Europarecht. Die Bundesrepublik, die angeklagt wurde, rückte mit zwei Argumenten an. Auf der rechtlichen Seite, so behauptete sie, sei der Europäische Gerichtshof für Außen- und Sicherheitspolitik nicht zuständig. Das andere Argument spiegelte in drastischer Weise den damaligen gesellschaftlichen Blick auf Frauen. Ungeachtet der Tatsache, dass zwölf europäische Armeen durch weibliches Personal in ihren Reihen alles andere als gelähmt wurden, behauptete der Anwalt des bundesdeutschen Staats, die Öffnung der Bundeswehr für Frauen gefährde die militärische Einsatzfähigkeit. »Unsere Auffassung von der Natur und Bestimmung der Frau verbietet einen Dienst mit der Waffe« – mit dieser Begründung war seinerzeit der Paragraf 12a formuliert worden. Dass nicht nur männliche Jovialität dahinterstand, sondern auch Frauen von der Friedfertigkeit ihres eigenen Geschlechts überzeugt waren, bewies bereits Simone de Beauvoir in ihrem Buch *Das andere Geschlecht.* Der Frau ist schon von Natur aus der Weg zur Gewalt verwehrt, so schrieb die Grande Dame des französischen Feminismus und hatte wohl vergessen, gründlich zu recherchieren. Denn dann wäre ihr die gewalttätige Rolle von Frauen im französischen Kolonialismus ebenso aufgefallen wie die ihrer Geschlechtsgenossinnen in der Ausführung und Umsetzung des Holocausts.

Kreil wurde vertreten durch einen Vertragsanwalt des Bundeswehrverbands, den Soltauer Anwalt und Notar Jochen Rothardt. Der Bundeswehrverband hatte sich nicht uneigennützig auf Kreils Seite geschlagen, schon länger hatte man dort nach einer Möglichkeit gesucht, Frauen den Zugang zu allen Bereichen der Bundeswehr zu ermöglichen. Doch bislang war man an Artikel 12a des Grundgesetzes ebenso gescheitert wie an der Angst vor dem Vorwurf, das schwache Geschlecht den Wölfen vorzuwerfen. Die Bundeswehr aber kämpfte in den Neunzigerjahren mit schweren Nachwuchs- und Imageproblemen. Junge Männer wechselten lieber Windeln in Altenheimen und passten auf anderer Leute Kinder auf, versorgten Kranke und Siechende, als sich zu verpflichten. »Nun werdet ihr sie nicht mit Hass verderben. Kein Ziel, keine Ehre, keine Pflicht sind's wert, dafür zu töten und zu sterben. Nein, meine Söhne geb ich nicht. Nein, meine Söhne geb ich nicht«, textete der Chansonnier Reinhard Mey und traf damit das Gefühl einer Generation. Innerhalb des NATO-Verbands nahm Deutschland eine ausgesprochen hinterwäldlerische Rolle ein. Tanja Kreil, weiblich, jung und wütend genug, um vor Gericht zu ziehen, muss dem Bundeswehrverband wie eine Antwort auf Gebete vorgekommen sein. »Damit stellen wir uns einer neuen Dimension des Soldatenberufs«, hieß es nach dem Urteil.

Dieses wurde in Deutschland sehr widersprüchlich aufgenommen. Die Grünen und die damalige PDS, die die Öffnung der Bundeswehr für Frauen grundsätzlich begrüßten, forderten sofort eine Abschaffung der Wehrpflicht, um das Gleichheitsprinzip auch in diesem Punkt zu verwirklichen. Im konservativeren politischen Lager sprach man von einem Skandal und einer Kompetenzüberschreitung des Europäischen Gerichtshofs. Und dann gab es auch solche, die die Einbeziehung von Frauen in die Bundeswehr nicht als Schub für die Gleichberechtigung, sondern als Militarisierung der Gesellschaft durch die Hintertür brandmarkten. Der Verteidigungsminister zu dieser Zeit, Rudolf Scharping, nahm das Urteil wiederum sportlich. Er begrüßte es als Stärkung der Rechte der Frauen.

Nach dem Urteil erfuhr der Artikel 12a eine Umformulierung, die der europäischen Rechtsnorm entsprach und ebenso der veränderten gesellschaftlichen Wahrnehmung. Frauen dürfen, müssen aber keinen Dienst an der Waffe versehen, so die noch heute gültige Formulierung.

Dass ausgerechnet die Stärkung von Frauenrechten, der Vormarsch der Gleichberechtigung und die damit einhergehenden politisch-sozialen Veränderungen zum Bundeswehrzugang für Frauen führten, war den Feministinnen ein Schlag ins Gesicht. So hatte man sich Gleichberechtigung kaum vorgestellt.

Unter jenen Frauen, die schon immer etwas anderes wollten, als ein Mädchen zu sein, war der Enthusiasmus groß. Die Soldatinnen der ersten Generation, das zeigen die Interviews in diesem Buch, kamen sich vor wie Eroberinnen. Vergessen war, dass es seit 1975 Frauen bei der Bundeswehr gab, Truppenärztinnen bereits hohe Dienstgrade trugen und Befehlsgewalt über Untergebene hatten. Neu war der Einsatz von Frauen in den Streitkräften mithin nicht, neu waren lediglich die Waffe und die schockierende Tatsache, dass die Frauen tatsächlich damit umgehen, ja, im Ernstfall sogar schießen wollten. Calamity Jane und anderen berockten Westernheldinnen gestand man rauchende Colts gern zu, den eigenen Töchtern aber …

Aber auch innerhalb der Bundeswehr wurde die Nachricht mit gemischten Reaktionen aufgenommen. An Soldaten, die für die Unter- oder die Offizierslaufbahn geeignet waren, herrschte, wie erwähnt, Mangel, und die Aufnahme von Frauen war also ein vernünftiger Schritt. Die Souveränen freuten sich über den weiblichen Einfluss im Hinblick auf Umgang und Ton, die Aufgeklärten begrüßten die femininen Charaktereigenschaften, die nunmehr den militärischen Alltag mitprägen würden. Dennoch: Nicht nur Ewiggestrige, auch besonnene Soldaten sahen mit Sorge auf die Umbrüche. So sehr, dass die Bundeswehr begann, umfangreiche Studien zu erstellen, in denen es um das Thema Weiblichkeit und Militär ging. Umfragen über Umfragen wurden getätigt, gerade so, als rücke eine feindliche Armee an, deren Strategie und Taktik es zu enträtseln galt.

Zunächst aber wurde gebaut. Jede Kaserne brauchte nun fraueneigene Duschen, Toiletten und Schlafräume. Damenuniformen mussten geschneidert werden. Ganz neue, zuvor nie gestellte Fragen tauchten auf. Wie umgehen mit der speziellen Weiblichkeit, mit Menstruation und Schwangerschaft, mit Make-up, Handtaschen und Pumps? Wie sollten die zukünftigen Kameradinnen und Soldatinnen angesprochen werden? Frau Oberbootsfrau, Frau Hauptfeldwebelin, Frau Korvettenkapitänin oder Frau Oberleutnantin? Frau Majorin? Frau Generalin? Wie verhindert man sexuelle Belästigung, wie wirkt man dem entgegen, dass manche Soldaten den Eintritt von Frauen in ihre Kompanie als willkommenen Hormonabbau betrachten? Was darf man den Frauen in der Grundausbildung und an sportlicher Leistungsfähigkeit zutrauen? Sollen Frauen auch in Auslandseinsätze gehen?

Fragen über Fragen stellten sich, die eine schnelle Antwort brauchten. Man wusste, die Öffnung der Bundeswehr würde ein großes Medieninteresse hervorrufen, manche Zeitung, mancher Sender würde sich mit Sensationslust auf die ersten weiblichen Rekrutinnen stürzen. Also erstellte das Zentrum Innere Führung der Bundeswehr im Jahr 2000 vorbeugende Anweisungen, Anleitungen und Konzeptpapiere. In einem von diesen heißt es: »Das Zentrum Innere Führung will mit diesen Arbeitspapier notwendige Informationen vermitteln und praktische Hilfen für die Integration von Frauen in unsere Streitkräfte geben.« Nach diesem einleitenden Satz wird Platon zitiert, der schon früh wusste, wozu die deutsche Gesellschaft noch einige Jahrtausende der Erkenntnis brauchte: »Ebenso ist auch die eine Frau zur gymnastischen Bildung und zum Kriegshandwerk befähigt, die andere ist unkriegerisch und keine Freundin körperlicher Übungen ... So ist auch die eine zum Wächterberuf geeignet, die andere nicht. Wir haben doch auch unter den Männern die entsprechend Veranlagten zu diesem Beruf ausgewählt ... Also haben Frauen und Männer die gleiche Befähigung zur Bewachung eines Staates ... Gleich Befähigten muss der gleiche Beruf zugewiesen werden.«

So weit, so gut. Weiter heißt es in dem Konzeptpapier

des Zentrums Innere Führung: »Die bevorstehende Integration von Frauen stellt nichts anderes dar als ein ›Nachziehen‹ der Streitkräfte zu einer gesamtgesellschaftlich bereits vollzogenen Entwicklung. Erfahrungen befreundeter Streitkräfte, der Polizei und des Bundesgrenzschutzes belegen, dass nicht mit unlösbaren Problemen zu rechnen ist, wenn sich alle Beteiligten mit Offenheit und vor allem ohne Vorurteile der neuen Entwicklung stellen.«

Fairerweise sollte man bedenken: Dieses Papier ist bald ein Jahrzehnt alt. Die heutige Generation der Alphafrauen pubertierte damals noch, die Gräben zwischen Männer und Frauen, die die Emanzipationsbewegung geschaufelt hatte, waren noch nicht wieder geschlossen. Nicht allein Männer, auch Frauen gingen (und gehen) von gravierenden emotionalen, psychischen und vor allem physischen Unterschieden zwischen den Geschlechtern aus. Ganz erfreulich räumte damals das Zentrum Innere Führung mit solchen Thesen auf. Heute klingt das so erheiternd, dass deren Argumentation in ihrer Länge zitiert werden sollte:

Ergebnisse von Studien und Untersuchungen anderer Streitkräfte und vergleichbarer Organisationen auf empirisch begründete Unterschiede, die für die Integration von Frauen in Streitkräften von Bedeutung sind, beziehen sich auf den »durchschnittlichen« Mann bzw. die »durchschnittliche« Frau, die es in der Realität so nicht gibt. Es geht immer um das Individuum, das in seiner subjektiven Unterschiedlichkeit wahrgenommen werden muss. So gesehen kann die Differenz der Kapazitäten zwischen zwei Männern wesentlich größer sein als zwischen einem Mann und einer Frau. Obwohl nachfolgend generelle Aus-

sagen gemacht werden, kommt es in der Praxis für jeden Vorgesetzten darauf an, immer das Individuum zu bewerten bzw. zu beurteilen.

Zu den körperlichen Differenzen heißt es dann:

Frauen und Männer haben einen unterschiedlichen Körperbau; Frauen verfügen über prozentual weniger Muskelmasse und mehr Fettgewebe. Sie sind schwächer an Rohkraft, haben geringere Sprungkraft, laufen langsamer und verfügen über proportional kürzere Beine. Männer haben größere Muskelkraft, sind schneller, haben mehr Wurfkraft und verfügen über eine höhere Herz-Lungen-Kapazität. Frauen sind durch einen niedriger liegenden Schwerpunkt beweglicher und rascher bei Drehungen. Sie verfügen generell über eine größere Standfestigkeit, ein besseres Gleichgewichtsgefühl und mehr Beweglichkeit. Aus Sicht der Wehrergonomie gibt es in den Streitkräften keine Aufgabe, die nicht von einer Frau erledigt werden könnte.

Und auch die Menstruation findet Erwähnung:

Immer wieder unterstellt man weiblichen Soldaten im Zusammenhang mit Schwangerschaft und Menstruation eine durchschnittlich häufigere Abwesenheit vom Dienst, was auch für den Polizeidienst in ähnlicher Weise zutrifft. Der erste Eindruck einschlägiger Daten scheint dies auch zu bestätigen. Die Abwesenheit vom Dienst aufgrund von Krankheiten lag, einer amerikanischen Untersuchung 5 folgend, mit 5,1 Tagen pro Jahr höher als bei den männlichen Soldaten, die 4,8 Tage krank waren. Wenn man einmal davon absieht, dass hier ohnehin kein signifikanter Unterschied vorliegt, ist die Erkenntnis wichtig, dass die Gesamtfehlzeiten sich völlig anders verteilen. Eine

Navy-Untersuchung 6 kommt zum Schluss, dass auf hundert weibliche Soldaten 442 Fehltage im Jahr fallen, auf hundert Männer pro Jahr 703 Fehltage, was auf das hohe Maß unerlaubter Abwesenheiten bei Männern zurückzuführen ist.

Frauen menstruieren also, Männer schwänzen den Dienst; am Ende sind die Abwesenheiten paritätisch verteilt.

Ein weiteres Bonmot aus dem Arbeitspapier behandelt die Annahme, Frauen seien als Soldaten weniger leistungsfähig:

Solche Auffassungen gelten heute allerdings auf der Grundlage wissenschaftlicher Untersuchungen als widerlegt ... Frauen in Gefahrensituationen handeln ebenso beherzt und professionell wie Männer nach entsprechender Ausbildung. Der psychische Durchhaltewillen der Frauen liegt oft über dem männlichen Niveau, d. h. Frauen geben nicht so leicht auf, entwickeln mehr Ehrgeiz, bis zum Überschreiten der Leistungsgrenzen, und sind bereit, sich mehr zu quälen. Oft spornen sie dadurch die Männer zu höherer Leistung an. Gelegentliche Gefühlsausbrüche sind dabei unerheblich. Sie bewirken u. a. einen schnellen Stressabbau. Solches Verhalten könnte auch Männern nützen.

Und zu guter Letzt:

Der zweite psychologische Aspekt bei der Integration von Frauen liegt bei den Männern. Das Vordringen von Frauen in einen Beruf wie den des Soldaten scheint mit der Teilhabe in anderen Berufsfeldern nicht vergleichbar zu sein. Frauen, die sich für diesen ausschließlich als männliche Domäne empfundenen Bereich interessieren, müssen mit Zweifeln an ihrer psychologi-

schen Geschlechtszugehörigkeit rechnen, insbesondere dann, wenn es um Kampfeinheiten geht. Das Soldatsein ist, psychologisch betrachtet, nach wie vor zutiefst männlich. Die Öffnung für Frauen ... führt bei Männern zu zweierlei Beunruhigungen: Beunruhigung über das »Geschlecht« des Berufes und das der Frau.

Solche Offenbarungen zum Sein und Wesen der Frau mag die Männer vielleicht wirklich zum Staunen gebracht haben. Hören sie sich doch an, als kämen sie aus dem Bereich der Ethnologie oder gar Zoologie. Und das trotz der tapferen Erkenntnis, von Frau zu Frau gebe es ebenso große Unterschiede wie zwischen Männern und Frauen. Befremdlich mutet an, dass man bei der Bundeswehr überhaupt auf die Idee gekommen ist, die Integration der Frauen mit Umfragen und ellenlangen Untersuchungen zu begleiten. Umgekehrt wäre ein solcher Aufwand höchstens vorstellbar, wenn seit Jahrzehnten in stiller Fraulichkeit und abgeschottet von der Außenwelt lebende Nonnen auf einmal Mönche in ihr Kloster lassen sollten, zuvor aber – in Furcht um Keuschheit und Anstand – das (Angst einflößende) Wesen Mann in allen Einzelheiten porträtieren, damit der Schreck der Begegnung nicht so groß wird. Vielleicht ist das militärische Selbstverständnis der Männer ein ebenso hochgejubeltes und zugleich gefährdetes Gut wie die Jungfräulichkeit der Nonnen, ist das Streben nach militärischer Perfektion vergleichbar mit dem nach keuscher Erleuchtung.

Der schriftlichen Ausformulierung bedurfte auch die Nützlichkeit von Frauen beim Militär. Da heißt es: »Geschlechtsspezifische Verhaltensunterschiede können bei der Vielschichtigkeit militärischer Aufträge durchaus vorteilhaft sein. Dort, wo sich die aufgezeigten Unterschiede eher hinderlich auswirken, muss durch Ausbildung Abhilfe geschaffen werden.«

Fragt sich nur, bei wem. Zugespitzt formuliert bedeutet dies: Wenn weibliche Verhaltensmuster, so wie sie weiter in dem Papier beschrieben werden, der Verständigung und dem Austausch dienen – da Frauen sich schneller zurücknehmen, weniger zur Selbstüberschätzung neigen, kommt es bei ihnen auch weniger zu Imponiergehabe, Revierverhalten und Aggressionen –, wäre es dann nicht folgerichtig, dass eine Gesellschaft, die nach typisch weiblichen Verhaltensmustern handelt, eine Armee überflüssig macht? (Vorausgesetzt, auch andere Gesellschaften würden sich diese weiblichen Muster in ihrer Politik zu eigen machen.) Das hieße: Sprache statt Waffen, ein Miteinander statt Feindbilder, Kommunikation auf Augenhöhe im Gegensatz zu Befehl und Gehorsam. Ist das womöglich der Grund, warum Soldatinnen dazu tendieren, sich, wie die sozialwissenschaftlichen Studien nicht nur der Bundeswehr, sondern auch anderer Armeen ergaben, lieber wie Männer zu benehmen, um jene »typisch« weiblichen Eigenschaften zu minimieren? Um den Ast, auf dem sie sitzen, nicht abzusägen?

In diesem Zusammenhang ist auch der sogenannte Beschützerinstinkt erwähnenswert, der Männern immer wieder unterstellt wird. In Untersuchungen der israelischen Armee wird behauptet, dass Männer in Gefahrenlagen, wenn Frauen in der Nähe sind, einen Beschützerinstinkt entwickeln und mehr darauf achten, sie vor schlimmen Kriegsfolgen zu bewahren, als die Befehle zu befolgen – was dann im Gefecht zu geringerer Kampftätigkeit von Einheiten geführt haben soll. In den Erläuterungen der Bundeswehr zum Mysterium Frau offenbarte sich deutlich eine Misere der besonderen Art. Wenn Frauen ganz anders ticken als Männer, wie sollte da die bisherige Vermittlung von Inhalten und Befehlen funktionieren? Die Ausführungen der Bundeswehr über weibliche versus männliche Gesprächsführung orientierten sich an Untersuchungen aus dem Partnerschaftsbereich. Dass es in Beziehungen oft schiefgeht und am Ende gar keine Kommunikation mehr möglich ist, zeigen die Scheidungsraten. Könnte das also auch den militärischen Alltag treffen? Kommunikation misslungen, Mission gescheitert? Zu dieser Problematik fand die Bundeswehr folgende Antwort:

Auch wenn die tägliche Zusammenarbeit von männlichen und weiblichen Soldaten nicht mit einer partnerschaftlichen (Liebes-)Beziehung gleichzusetzen ist, muss davon ausgegangen werden, dass hier vergleichbares Konfliktpotenzial liegt. Wenn die Unterschiede im Kommunikationsverhalten bekannt sind, werden Meinungsverschiedenheiten dennoch nicht gänzlich zu verhindern sein, aber es besteht eine größere Chance, zu vermeiden, dass sie außer Kontrolle geraten. Wenn ernsthafte Kommunikationsversuche in der Sackgasse enden, können verschiedene Sprachen, die Männer und Frauen sprechen, die Grundlage des militärischen Zusammenlebens ernsthaft stören. Im Rahmen der Ausbildung aller Ebenen muss daher gerade zum Thema Kommunikation informiert werden.

Und ach, wenn es doch bei der Kommunikationsverschiedenheit hätte bleiben können. Aber Frauen haben nicht nur einen Mund, sie haben auch Brüste, und manchmal sogar falsche. Wie aber handhabt man es, wenn Frauen Brustimplantate besitzen und der schwere Marschrucksack eine Gefährdung darstellt? Eine Verordnung zu Brustimplantaten musste also her. Dazu heißt es in einer Stellungnahme der Bundeswehr:

Körperformende Implantate sind nach der z. Zt. gültigen Begutachtungsvorschrift ZDv 46/1 nicht mit dem Wehrdienst vereinbar. Lediglich nach Unfällen oder entstellenden Operationen werden sie im Rahmen der unentgeltlichen truppenärztlichen Versorgung übernommen. Aber die Bundeswehr bleibt von den Strömungen der Gesellschaft natürlich nicht unberührt. In einer Neufassung der Begutachtungsvorschrift wird den Strömungen der Gesellschaft sowie dem medizinischen Fortschritt der besser verträglichen körperformenden Implantate voraussichtlich Rechnung getragen und diese nicht mehr grundsätzlich ausschließend beurteilt. Voraussetzung ist natürlich, dass die Implantate den Dienst (Grundausbildung, das Tragen der Uniform und Schutzausstattung) nicht behindern. Offen ist noch die Auswirkung des § 17 Abs 4 Soldatengesetz, der Soldaten zur Gesunderhaltung verpflichtet und bei selbst veranlassten Implantationen die ggf. – auch zeitweise – Einschränkung der Verwendungsfähigkeit ahnden könnte. Dies wird aber nur im individuellen Fall beurteilt werden können.

Wahrscheinlich gibt es ähnliche Verordnungen über Tattoos, Brustwarzen- und Nabelpiercings, und vielleicht wird die Nachwelt einmal in den Bundeswehrunterlagen die ausführlichsten Informationen zum Zusammenleben der Geschlechter Anfang des zweiten Jahrtausends finden. Oder auch darüber, mit welchen Schritten und Annäherungen es gelingen kann, eine Gesellschaft zu schaffen, in der die Leistungen von Männern und Frauen auf einer Stufe stehen – und wie viele Verordnungen und Anweisungen es braucht, damit dieses geschieht.

3

»Die Kameradschaft hilft«

Katrin Brandt, Oberleutnant,
ABC-Abwehrregiment in Bruchsal

Auf Bruchsals Bahnhof tanzen am Nachmittag junge Männer mit dunkler Hautfarbe Hip-Hop ohne Musik. Sie werden beklatscht von Mädchen, die zu kurze T-Shirts am Leib und Langeweile in ihren Gesichtern tragen. Vis-à-vis der Döner-Kebab-Imbiss, der »K2« heißt, die Bahnhofskneipe führt den Namen »Edith Piaf«. Das spricht für größere Hoffnungen, als die Wirklichkeit dieser Kleinstadt am Rande der Oberrheinischen Tiefebene sie bieten kann. Brigitte Mohnhaupt, die ehemalige RAF-Terroristin, hat hier ihr Abitur gemacht, und der amerikanische Landmaschinenhersteller John Deere produziert am Rande der Stadt Einzelteile.

Katrin Brandt hätte sich diese Stadt zum Leben nicht ausgesucht. »Ein bisschen eng.« Sie ist seit April 2008 dort beim ABC-Abwehrregiment 750 stationiert und lebt in einem kleinen Ort in der Nähe. Der Freundeskreis ist noch klein, die Eltern und alle andere Verwandtschaft wohnen weit entfernt. Dreimal schon ist sie versetzt worden, und dass es ihrem Mann gelang, in einem chemischen Werk in der Nähe eine neue Stelle zu bekommen, grenzt fast an ein Wunder.

Als Katrin Brandt nach Bruchsal versetzt wird, ist sie schwanger. Inzwischen ist ihr Sohn Adrian zehn Monate alt, er hat acht Zähne und ist seit vier Monaten abgestillt. »Ein Actionbaby«, sagt sie. Sie war mit ihm zum Babyschwimmen, in der PEKiP-Gruppe, und nun hat sie den Eindruck, das Kind langweile sich mit ihr zu Hause und ihm fehle etwas: pädagogisch motivierte Aufmerksamkeit und Anleitung. Oder eine glückliche Mutter, die nach einem erfüllten Arbeitstag bereit ist, sich aus vollem Herzen ihrem Kind zu widmen.

Brandt freut sich, demnächst in ihren Bundeswehralltag zurückzukehren. Nur ist ihr noch nicht ganz klar, wie das mit dem Kind gehen soll. Die einzige Kinderkrippe am Ort hat eine lange Warteliste, und als sie vor einigen Monaten beim Jugendamt anrief, um dort nach einer Tagesmutter zu fragen, in deren Hände sie Adrian demnächst geben könne, musste sie sich auf eine Diskussion darüber einlassen, warum sie nach einem Jahr Elternzeit wieder arbeiten gehen will. »Als sei ich eine Rabenmutter. Zum ersten Mal sehne ich mich nach den Zuständen, die wir im Osten hatten, als Kinderbetreuung überhaupt kein Problem war.«

Katrin Brandt wurde 1982 in Sachsen-Anhalt geboren. Die Mutter war Ärztin, wuppte neben zwei Kindern erst ihr Studium, dann die Praxis. »Mit Fortbildungen, Nachtdienst, Notdienst und allem Drum und Dran.« Nicht weniger tough waren die Frauen in der restlichen Verwandtschaft, und als Katrin sechzehn Jahre alt war, ging ihr Vater in den Westen, und die Mutter hatte nun auch noch die Rolle der Alleinerziehenden für die Tochter und ihren Bruder übernommen. Das alles geschafft zu haben, bringt ihr heute die Bewunderung von Katrin Brandt ein. Aber: »Es hatte seinen Preis. Ich habe jahrelang Fußball gespielt, und meine Mutter hat nicht ein einziges Spiel gesehen. Ich glaube, sie kannte nicht einmal meine Trikotnummer.«

2000 machte sie Abitur, elf Jahre nach dem Fall der Mauer. »In unserem Landkreis gab es 23 Prozent Arbeitslosigkeit, da war klar, dass ich da nicht bleiben konnte.« Ärztin wie die Mutter zu werden, war keine Möglichkeit. »Dazu habe ich zu viel davon mitbekommen, wie anstrengend das ist und wie wenig Zeit für die Familie bleibt.«

Als Brandt von der Öffnung der Streitkräfte hört, steht für sie fest: Die Bundeswehr soll es sein. Die anderen Mädchen in ihrem Jahrgang reagieren zum Teil entsetzt. »Die Hälfte hat mich für verrückt erklärt. Aber fortgegangen von dort sind sie dann alle.«

Sie fährt nach Köln zum Einstellungstest, viele Gedanken hat sie sich da noch nicht gemacht, erst während der Prüfung wird ihr klar, auf was sie sich da einlässt, und sie beginnt, sich detaillierter zu überlegen, welchen Auftrag sie erfüllen möchte, erfüllen kann. »Ich entschied für mich, nicht in eine kämpfende Truppe zu wollen.« Der nächste Entschluss ist, dem Heer beizutreten. »Marine, Luftwaffe, das konnte ich mir nicht so vorstellen.« Schließlich sagt sie, sie wolle beim Heer zu den Pionieren: »Das erschien mir eine sinnvolle Tätigkeit.«

Katrin Brandt lacht, als ich ihr gestehe, dass ich keine Ahnung habe, was Pioniere sind, dies für mich nach Fähnlein Fieselschweif klingt. Das mache nichts, so sei es ihr ja auch gegangen, bevor sie an eine Laufbahn bei der

Bundeswehr dachte. Pioniere seien jene Truppenteile innerhalb des Heeres, die sich um die Bewegung der eigenen Truppe kümmerten und darum, die der feindlichen Truppen zu behindern.

Brandts Vater und ihr Großvater waren im Dienst der NVA, der Nationalen Volksarmee der DDR, tätig gewesen. Beeinflusst, sagt sie, habe sie dies nicht. Dass sie sich für die Bundeswehr entschied, schreibt sie ihrem Hang zu, »nie etwas Normales zu machen«. Sie sei neugierig, abenteuerlustig und unfähig, es über Jahre im selben Job auszuhalten. »Die Bundeswehr bietet da Abwechslung. Man erlebt immer mal wieder etwas anderes, auch wenn man in seinem Aufgabenbereich bleibt.«

Wäre sie nicht so klein, trüge sie heute eine Polizeiuniform. Doch für den Dienst dort muss man mindestens 165 Zentimeter groß sein, Katrin Brandt ist 163 Zentimeter groß. Auch für Bundeswehr-Verhältnisse ist das klein, und wie ein baumlanger Rekrut sie ernst nehmen soll, das kann man sich kaum vorstellen. Bei solch einer Frage schmunzelt sie, überhaupt lacht sie viel, ein bisschen burschikos, ein bisschen ironisch klingt das. Sie sagt, so eine Kleinigkeit wie die, dass ihr jemand keinen Respekt entgegenbringt, die hätte sie locker im Griff. »Da greifen die Strukturen bei der Bundeswehr. Es wird ja immer viel debattiert über Befehl und Gehorsam, über hierarchische Strukturen. Diese Strukturen sind uralt und nicht immer sinnvoll. Aber sie existieren, und man kann damit arbeiten. Ich bin Vorgesetzte, das reicht, um manchem Typen den Mund zu verschließen.« Sicher sei es so, dass der eine oder andere ihrer Rekruten gern mal die Grenze ausprobiere, und es gäbe auch »ältere Herren«, die sagten, sie wüssten nicht, was Frauen bei der Bundeswehr sollten. Aber dafür halte diese ja einen ganzen Katalog von Maßnahmen bereit. »Wenn ein freundliches und mahnendes Wort nichts nützt, dann gibt es eben eine Disziplinarstrafe.«

Zu den Pionieren kam Katrin Brandt dann nicht, sondern landete beim ABC-Abwehrregiment, auch eine nicht kämpfende Truppe. Die Buchstaben »ABC« stehen für atomare, biologische und chemische Kampfstoffe. Diese, so Brandt, werden die Waffen künftiger Kriege sein. Die ABC-Einsätze der deutschen Bundeswehr reichen vom Abtransport chemischer Waffen der Amerikaner, als diese ihre Soldaten mitsamt den chemischen Kampfstoffen aus Deutschland abzogen, über einen Einsatz im Kuwaitkrieg zur Neutralisierung chemischer Kampfstoffe. Als rettendes, bergendes und brandbekämpfendes Team sind die ABC-Abwehrler auch bei Fußballevents und auf Kirchentagen. Wenn Seuchen wie die Vogelgrippe drohen, ist ihr Einsatz ebenfalls gefragt. Hollywood hat ein ganzes Kontingent an Filmen, in denen von Kopf bis Fuß verhüllte Menschen in verseuchten Dörfern auftauchen und unter ihrer Maske schwer atmend Angst und Schrecken verbreiten. »Na ja«, wiegelt Brandt ab. »So könnte es im Ernstfall vielleicht sein. Aber so treten wir nirgends auf.«

Die ersten Momente des Zweifels an ihrer Entscheidung kamen ihr bereits in der dreimonatigen Grundausbildung. Schlecht sitzende Stiefel, riesige Blutblasen und immer noch zehn Kilometer vor sich, das sei hart gewesen. Und ging vorbei. »Die Kameradschaft hilft. Man ist nicht allein mit seinem Frust und seinen Schmerzen. Dass da einer für den anderen einsteht, das war eine gute Erfahrung.« Blöde Sprüche von männlichen Kameraden? »Gab es nicht. Wir waren die erste Generation von Frauen, und die Bundeswehr hat dafür gesorgt, dass es nicht zu dummen Zwischenfällen kommt, die womöglich an die Öffentlichkeit geraten. Die Männer waren alle eingeschüchtert, die haben sich gar nicht getraut.« Schwieriger sei es erst geworden, als sie, inzwischen mit einem Offiziersdienstgrad geschmückt, eine Führungsposition einnahm und jene, die ihr untergeordnet waren, zwei Jahrzehnte länger bei der Armee waren. »So ein altgedienter Feldwebel, der sich was von einer jungen Frau sagen lassen muss, der schluckt schon. Aber wer ein Problem hat, der äußert sich nicht öffentlich, sondern am Bierstammtisch. Und wie überall im Leben hängt es auch da von der Art und Weise ab, wie jemand aufgewachsen ist. Wenn derjenige ein traditionelles Frauenbild hat, so wie die älteren Soldaten, die immer ihre Ehefrau daheim hatten, die für alles sorgte, dann fällt es natürlich schwer, eine Person wie mich zu akzeptieren. Fairerweise muss man sagen, dass es selbst bei der Bundeswehr 90–60–90-Damen gibt, die manche Äußerung provozieren.« Am harten Ton der Bundeswehr scheitern solche Frauen oft, sagt Brandt, und es stimmt sie vergnüglich. »Wenn da eine mit Lidschatten und langen Ohrringen kommt, also in einer Aufmachung, die gerade draußen im Feld dienstuntauglich ist, dann macht sie es für die Frauen schwer, die etwas leisten wollen und können. Deren Schwäche fällt auf uns alle zurück, und deshalb ist es gut, wenn die gedeckelt werden.«

Weil zur Offizierslaufbahn ein Studium gehört, studierte Katrin Brandt an der Bundeswehruniversität in Hamburg Pädagogik. Das interessierte sie von den angebotenen Studiengängen am meisten.

Dass sie für ihre Aufgabe beim ABC-Abwehrregiment das im Studium erworbene Wissen eigentlich nicht braucht, stört sie nicht. »Der Bundeswehr ist es wichtig, dass Offiziere eine möglichst breite Bildung haben, nicht nur in ihrem Fachbereich etwas können.« Pädagogische Grundlagen seien zudem auch in ihrem Dienstalltag anwendbar. »Bevor ich in die Elternzeit ging, habe ich Dienstaufsicht gemacht. Das ging so: Morgens schicke ich meinen Aufklärungszug los, lasse Dekontaminierung, also die Säuberung verseuchten Geländes üben, regle das Logistische. Das macht mir Spaß. Jeder Tag ist anders, jeder Einsatz verlangt andere Fähigkeiten und Entscheidungen. Wichtig ist dabei, Leute motivieren zu können.«

So weit, so gut. Aber wie sieht es aus mit der Mutterrolle? Katrin Brandt ist nicht die Einzige, die zur Bundeswehr ging, weil sie darin eine herausfordernde Aufgabe sah, sich Abwechslung versprach. Und nicht die Einzige, die in dieser Institution von einem jungen Mädchen zur erwachsenen Frau reifte, einen Mann traf und sich eine Familie schuf. Und nicht damit gerechnet hatte, dass ein eingeschworener Männerverein wie die Bundeswehr in puncto Vereinbarkeit von Beruf und Familie nur langsam in Gang kommt. Immerhin ist es noch nicht wirklich lange her, dass zu einem Offizier eine sorgende Ehefrau gehörte.

An der Kinderbetreuung werde gearbeitet, über kurz oder lang sei das geregelt, so die öffentliche Position der Bundeswehr. Ein Info-Blatt für angehende Soldaten verspricht unter der Überschrift »Soziale Absicherung von Soldaten und ergänzende Regelungen für Frauen«: »Grundsätzlich bestehen zwischen männlichen und weiblichen Soldaten hinsichtlich des dienstlichen Status und bei der sozialen Absicherung keine Unterschiede. Für Soldatinnen sind jedoch geschlechtsspezifische ergänzende Regelungen zu berücksichtigen.«[1] Mutterschutz, Elternzeit, Elterngeld – theoretisch ist alles geregelt, da gibt es keinen Unterschied zum zivilen Leben. Und auch in diesem Aspekt nicht: »Laufbahnnachteile können bei Inanspruchnahme (von Elternzeit) nicht völlig ausgeschlossen werden.«[2]

Dass die Bundeswehr mit Verspätung auf die Situation von Soldatinnen, die auch Mütter werden können, reagiert, verwundert Brandt nicht weiter. »Die höheren Herren waren ja 2001 mit der politischen Entscheidung, Frauen in allen Bereichen aufzunehmen, schon überfordert. Aus diesem Grund haben sie einfach so getan, als seien Frauen auch nur Männer. Das merkt man daran, dass Frauen sportlich das Gleiche leisten sollen wie Männer. Da zeigt sich doch, dass die Entscheidungsträger bei der Bundeswehr anatomisch keine Ahnung, noch nie was von Gebärmuttersenkung und Inkontinenz gehört haben.«

Das Fazit, Kind und Karriere sind auch bei der Bundeswehr keine gute Idee, wäre nicht so schlimm, nähme diese den Mund nicht so voll, was die Attraktivität des Soldatenberufs für Frauen bedeutet. Unterm Strich aber bleibt der Eindruck: Jung, ledig, kinderlos ist eine probate Zielgruppe. Um die dreißig, gebunden, mit dem Wunsch nach einer Familie: schwierig.

Katrin Brandt, Mutter einerseits, Oberleutnant im ABC-Abwehrregiment 750 Bruchsal andererseits und mit dem Wunsch, beiden Rollen gerecht zu werden, hat, als sie ihren Sohn zur Welt brachte, einen Brief an den Wehrbeauftragten der Bundeswehr geschrieben. In dem, was die Streitkräfte für die Frauen tue, läge ein Widerspruch, sagt sie. Frauen seien gewollt, für die Nachwuchsprobleme der Bundeswehr sogar unerlässlich, aber was werde, wenn diese Frauen Mütter würden, darüber habe man lange nicht nachgedacht. »Immer hieß es, es sei kein Bedarf an Betreuungseinrichtungen oder Teilzeitstellen da, aber es war doch offensichtlich, dass dieser eines Tages kommen würde.«

Als sie ein Kind erwartete, schien ihr, als sei sie in einen Haufen aufgescheuchter Hühner geraten. »Das fängt schon damit an, dass es keine Gynäkologen bei der Bundeswehr gibt. Als ich mich schwanger meldete, wurde das behandelt wie eine Truppenuntersuchung, da wollte man mich zum Sehtest schicken, und ich habe gesagt, ich bin doch nicht blind, ich erwarte ein Kind. Wie das denn passiert sei, wurde ich außerdem gefragt, und ich habe gesagt, na, wie so etwas eben passiert. Irgendwann passte mir die Uniform nicht mehr. Da stand ich in Zivil vor meinem Vorgesetzten, und der fragte, ob ich krank sei. Meine Antwort: ›Nein, ich bin schwanger.‹«

Niemand, sagt sie, hätte eine Ahnung gehabt, was eine Frau in der Schwangerschaft noch leisten, welche Arbeiten sie verrichten dürfe. »Der Truppenarzt hat mich an den Schreibtisch befohlen, und ich durfte schließlich gar nichts mehr.«

Kurz nach diesem Interview beginnt Katrin Brandt wieder zu arbeiten – durch den Mangel an Kinderbetreuungsmöglichkeiten nur mit 80 Prozent ihrer früheren Stundenzahl. »Es gibt zwar Teilzeitstellen, aber nicht in den Einsatzkompanien und auch nicht in Führungspositionen. Außerdem stehen bei einer solchen Entscheidung dann in der Beurteilung Sätze wie: ›Sie zieht die Familie dem Dienst vor.‹« Für Brandt, die bald Hauptmann werden möchte, könnte so ein Satz das Ende auf der Karriereleiter sein.

Ob sie nach dem Ende ihrer Jahre als Zeitsoldatin auch Berufssoldatin werden möchte, will sie davon abhängig machen, »wie ich Familie und Beruf unter einen Hut bringe«. Sie sei, das kommt mit Betonung und in temperamentvollem Ton, »gern Soldatin«. Sie habe, und das sei nicht verherrlichend, sondern sachlich gemeint, ihren Traumberuf gefunden, sie hänge an ihrem Job. Sie wünsche sich nur mehr planbare Zeit für die Familie und für Hobbys. »Ich möchte noch ein zweites Kind. Wenn das mit der Bundeswehr nicht zu vereinbaren ist, dann muss ich wirklich überlegen, etwas anderes zu machen. Aber das würde mir sehr leidtun.«

4

»Dann ist man ja tot«

*Oberleutnant zur See Helena Linder,
2. Wachoffizier auf dem Minenjagdboot Sulzbach-Rosenberg
beim 3. Minensuchgeschwader in Kiel*

Der erste Abschied, den Helena Linder von ihrem Freund nahm, spielte sich unter einem verhangenen Januarhimmel ab. Der Ostseewind jagte Wolken, um die *Sulzbach-Rosenberg* schwamm schwarzes Wasser wie dicke Brühe. Ein letztes Halten, ein letztes Wort. Sechs Monate, die sie für Manöver unterwegs sein wird, schienen ihr damals wie eine Ewigkeit.

Wenn man die achtundzwanzigjährige Helena Linder fragt, was sie an diesem dunklen Tag hinauszog auf das Meer, dann sagt sie dies: Zusammenhalt, Freundschaft, Abenteuer. Und Herausforderung. Dieses Wort zieht sich durch Linders bisherige Lebensgeschichte wie ein Motiv. Schwierig muss etwas sein, um bei ihr Begeisterung hervorzurufen, Gehirn und Geist sollen auf Trab gehalten werden. Und sie zählt noch etwas auf: Pflicht. Jene Aufgaben, die sich in der Laufbahn eines Offiziers der Marine stellen. Das Wort »Pflicht« aus ihrem Mund klingt nicht nach Mühe, sondern nach Abwechslung – und so einen Satz möchte man gar nicht schreiben, aber er stimmt. Man denkt an Tagores Weisheit von dem

Schlafenden, der von einem Leben der Freude träumte, erwachend die Pflicht sah – und dann diese tat. Diese wurde ihm schließlich zur Freude. Man könnte auch anders denken: an die Klebrigkeit, die diesem Begriff in Zeiten des Nationalsozialismus anhaftete und noch heute mit diktatorischen Regimes verbunden wird. An die Perversion, die dieses Wort immer dann erfährt, wenn Menschen für Zwecke instrumentalisiert werden sollen.

Helena Linder täte man damit Unrecht.

Das Schiff, in dessen Bauch sie schließlich verschwand, sieht aus wie für einen Krieg gebaut. Grau und wasserwendig. Doch sie zieht in keinen Kampf. Nur in einen »Als-ob-Kampf«. Als ob die zu schützenden Wasserstraßen bedroht wären. Als ob der Bündnisfall einträfe. In der Nordsee wird sie für den Ernstfall üben, Fregatten werden dabei sein, ein Luftangriff wird simuliert. Auseinandersetzungen – sie sagt es, bevor man fragen kann –, die so wahrscheinlich nicht mehr stattfinden werden.

Manöver? Allein das Wort wirft Fragen auf. Vor dem geistigen Auge des Laien finden Seeschlachten statt, spielen erwachsene Menschen Krieg. Das will nicht passen zur Außendarstellung der Bundeswehr. Viel wird dort geredet und geschrieben über die Transformation, die Umformung einer auf Kampf ausgerichteten Armee in eine Friedenstruppe. »Reformierst du noch oder transformierst du schon?«, das soll ein geflügeltes Wort in Rekrutenkreisen sein. Ist das nur ein Imagewechsel? Eine neue PR für einen alten Verein? Immerhin haben sich seit der Erschaffung der Bundeswehr die politischen, gesellschaftlichen und sozialen Wirklichkeiten verändert. Als postheroisch bezeichnet man die Gegenwart. Große Heldentaten sind nicht mehr gefragt, die

Gesellschaft akzeptiert militärische Opfer nicht mehr klaglos und fraglos. Die Beendigung von Konflikten mit Waffengewalt gilt als der denkbar schlechteste Weg, wird einzig hingenommen, weil andere Lösungen nicht möglich sind. Kaum vorstellbar also, dass künftige Konflikte noch als Schlachten geführt werden. »Nein«, sagt auch Helena Linder. »Eher mit chemischen Waffen, mit Briefumschlägen mit Milzbrand, Atomköpfen.« Aber warum dann noch solche Manöver, warum nicht lieber multinationale Schiffsrallyes?

Sie lächelt ihr feines spöttisches Lächeln. »Man kann ja nie wissen. Unsere Aufgabe ist die Vorbereitung für den bedingt vorhersehbaren Ernstfall.«

Zu den Aufgaben, die Linder und die Mannschaft auf den Schiffen, auf denen sie fährt, zu erfüllen haben, gehört auch das Sprengen von Minen aus dem Zweiten Weltkrieg. Selbst nach den vielen Jahrzehnten gefährden sie noch immer Fischerboote und Schiffe. Dies ist kein Als-Ob, kein Simulieren, sondern eine Mission zum Schutz anderer. In der Ostsee sind am Aufspüren der Minen mithilfe von Sonarsystemen ebenso die Marineeinheiten anderer Anrainerstaaten befasst: Und zwar im Rahmen der »Baltic Operations«, einer multinationalen Übung vor der Küste von Schweden. »Gerade haben wir während dieser Operation eine Mine gefunden. Die genau dort lag, wo Frachtschiffe entlangfahren.«

Linders Freund ist Berufssoldat, ebenfalls bei der Marine. Er nimmt es gelassen, dass sie manchmal monatelang unterwegs ist, noch viele Pläne hat, eigene Wege geht. Er sei unkompliziert, sagt sie über ihn. Er bestätigt sie: »Das kriegen wir hin.« Man müsse mit dem, was man macht, schließlich glücklich sein, und er tue ihr deshalb gut, weil sie ihre Mission nicht verteidigen, sich für das lange Fernbleiben nicht rechtfertigen müsse. »Das ist das Gute an einer Beziehung unter Marinesoldaten.« Das Schlechte sei: Nicht nur einer ziehe in die Ferne, stets seien es beide, und wenn sie Pech habe, sei er fort, wenn sie gerade wiederkomme. Oder umgekehrt. Und was dann bleibt für beide, sind kurze Besuche in den Häfen, E-Mails und Telefonate, um die Nähe zu halten.

Hafengeburtstag in Hamburg 2009, da sind vier Monate von Linders Zeit auf der *Sulzbach-Rosenberg* fast um, und das Schiff stattet der Hansestadt einen Freundschaftsbesuch ab. Lau legt sich der Mai über den Abend, Jogger laufen auf der Promenade entlang, Liebespaare flanieren. Die *Sulzbach-Rosenberg* findet man schwer. Gut versteckt liegt sie hinter der führenden dänischen Fregatte, deren wachhabender Offizier erschreckt zu seiner Waffe greift, als man plötzlich vor ihm steht. Wer zu Helena Linder will, muss über das Deck der Fregatte klettern und dann auf die *Sulzbach-Rosenberg* hinauf. Dort ist Hamburg, ist irgendwie die ganz normale Welt zu Ende. Schwer zu sagen, welche Welt stattdessen beginnt. Eine Art Liliputland auf den ersten Blick, mit engen Fluren und kleinen Kabinen, mit einem Boden, der auch im Hafen schwankt. Und mit einer Wirklichkeit, die von Kommandostrukturen und Befehlen, von militärischen Begriffen und einer besonderen Etikette geprägt ist.

Auf diesem Schiff ist Oberleutnant Linder in der Position des 2. Wachoffiziers. Nach der Rückkehr wird sie zum 1. Wachoffizier befördert werden. An jenem Abend des Hafengeburtstags hat sie Ankerwache, das bedeutet, sie ist vierundzwanzig Stunden im Dienst, darf aber zwischendurch schlafen. Einige Stunden zuvor war ein ehemaliger Klassenfreund aus dem Gymnasium zu Besuch. Seit dem Abitur hat sie ihn nicht mehr gesehen, nun sind sie sich in Hamburg zufällig über den Weg gelaufen. Sie hat ihm mit Stolz das Schiff gezeigt, welches sie ein wenig auch als ihr Schiff empfindet.

Das Wasser als vorübergehende Heimat, die Planken als Zuhause. Gleich hinter der ersten Schottentür riechen die Tanks, hinter der zweiten steht die Luft. »Akustische Disziplin, Schotten leise schließen« steht auf einem Schild und lässt ahnen, dass der Nachtschlaf an Bord nicht ungestört ist und man Regeln finden muss, die einen letzten Rest des Für-sich-selbst-Seins, einen letzten Hauch von Stille gewährleisten. Auch in der Offiziersmesse, ein kleiner Aufenthaltsraum, hängt eine Schild: »Besprechung: nicht stören« – darunter streckt Rowan Atkinson, genannt Mister Bean, den Mittelfinger aus.

Das Minenjagdboot *Sulzbach-Rosenberg* ist in Kiel beheimatet. Von dort lief es an jenem Januartag aus, um an dem Manöver SNMCMG1 teilzunehmen. Die Bundeswehr, die NATO, vielleicht die gesamte Welt der Armeen hat Abkürzungen, die klingen wie ein kindliches Spiel mit Magnetbuchstaben an der Kühlschranktür. Abkürzungen für Begriffe, die fast unaussprechlich sind und die mit Inhalt nur füllen kann, wer Teil dieser militärischen Welt ist.

SNMCMG steht für »Standing NATO Mine Countermeasure Group« und ist einer von zwei maritimen Minenabwehrverbänden der Nordatlantischen Verteidigungsorganisation. Im Verbund mit mehreren Schiffen werden alte Minen vernichtet und Übungen ausgeführt, um internationale Gewässer schützen zu können. Die Führung dieses Kommandos wechselt. Zurzeit hat Dänemark das Sagen, ab 2010 wird es Polen sein. Seit vor einigen Jahren die Besatzung eines holländischen Fischerboots ums Leben kam, als sie ein Netz mit einer Mine an Bord zogen, kommt der Entschärfung von Tausenden von Minen in der Ost- und Nordsee – der militärische Begriff ist »Historical Explosive Ordnance Disposal« – große Bedeutung zu.

Helena Linder ist als Gesprächspartnerin ein harter Brocken. Nicht weil sie wenig erzählt, schlecht erzählt. Im Gegenteil. Eher liegt es an der Verblüffung, die sie erzeugt. Klar, sie ist nicht die Einzige, die einen harten Job bei der Bundeswehr erfüllt, aber wohl die Einzige, die dabei eine blaue Dior-Brille mit Glitzersteinen am Bügel trägt. Und aussieht wie einem Magazin für Bundeswehr-Schick entsprungen. Im Gespräch denkt man oft, mit ihren Fähigkeiten, ihrem Aussehen und ihrer Biografie hätte sie auch einen einfacheren Karriereweg gehen können.

Linder ist Oberleutnant beim 3. Minensuchgeschwader in Kiel. 2010 wird sie zum Kapitänleutnant (Ka-Leu) befördert. Nicht zu verwechseln mit der Beförderung zum 1. Wachoffizier. Das eine, der Ka-Leu, ist ein Dienstgrad, das andere eine Position. Ein bisschen wie früher beim Cowboy-und-Indianer-Spiel. Man konnte Obercowboy werden und gleichzeitig die Position dessen haben, der über das Essen wacht. Oder der bis ganz nach vorn ans Feld reiten und dort Ausschau halten durfte.

An Helena Linder fallen als Erstes die Augen auf, sie sind leicht schräg, wach, neugierig und grünlich-braun wie Savannengras. Man könnte sie sich auch als Chefredakteurin, Geschäftsführerin oder Erfolgsgaleristin vorstellen. Ihr Auftreten ist souverän. Keine, denkt man, die sich mit der zweiten Reihe zufriedengibt. Das Führende liegt ihr anscheinend im Wesen. Sie ist als Tochter eines deutschen Diplomaten aufgewachsen, hat in Nigeria, auf den Philippinen, in Holland, Bolivien und schließlich in Venezuela gelebt. Ihre Bildung bekam sie auf deutschen Schulen, und neben ihrer Muttersprache beherrscht sie Englisch, Französisch, Spanisch und Niederländisch. Fähigkeiten, von denen sie sich wünscht, sie würden bei der Bundeswehr mehr zum Einsatz kommen. Doch bislang hat ihr Aufgabengebiet das nicht ergeben, höchstens dann, wenn sich ein Plausch von Schiff zu Schiff ergab, die *Sulzbach-Rosenberg* in einen Hafen einlief und ihre Kameraden eine Dolmetscherin für den Landbesuch brauchten.

Als Kind und Jugendliche tanzte sie Ballett, lernte Judo, schwamm und spielte Volleyball. Ihr Lieblingssport ist Tennis. Außerdem lernte sie vom dritten bis zum sechzehnten Lebensjahr Klavierspielen, später auch Gitarre und Saxofon, und wenn man sie fragt, wie sie das alles neben der Schule bewältigte, dann lacht sie. »Problemlos. Ich bin gut organisiert.« Der Weg zur Bundeswehr sei ihr in gewisser Weise in die Wiege gelegt worden, sagt sie über ihre Entscheidung. Auch wenn sie bis kurz vor dem Abitur im Jahr 2001 nicht ein einziges Mal daran gedacht hatte, eine militärische Laufbahn einzuschlagen. Doch: »Mein Großvater war U-Boot-Kommandant im Zweiten Weltkrieg, mein Vater ist Reserveoffizier der Marine. Als ich dann fast achtzehn war, ging auch mein Bruder zur Marine. Gewisse Prägungen kann ich also nicht abstreiten.«

Es war ihr Vater, der ihr diesen Weg schließlich vorschlug, nachdem feststand, dass Frauen alle Bereiche der

Bundeswehr offen stehen. Damals lebte die Familie noch in Venezuela. Deutschland und seine Streitkräfte waren weit weg, und zunächst hielt Helena Linder die Idee ihres Vaters für einen Scherz. Wenn sie an ihre Zukunft dachte, dann dachte sie an Medizin, Jura oder Wirtschaftswissenschaften. Nicht daran, die Soldatenuniform zu tragen. Nur: Entscheiden konnte sie sich nicht. »Ich fand alles spannend und interessant.« Als sie merkte, der Vater scherzt nicht, ließ sie sich auf das Gedankenspiel ein und forderte die Unterlagen für die Offizierslaufbahn an. »Ich bin so ein Typ, der macht dann einfach.« Zwischen den schriftlichen und mündlichen Abiturklausuren reiste sie nach Deutschland und nahm an der Eignungsprüfung teil. Ganz ohne Druck, sagt sie. Aus ihrem Mund klingt es, als sei sie mal eben für einen Kurzurlaub nach Deutschland geflogen und mit der Möglichkeit einer beginnenden Offizierslaufbahn in der Tasche wiedergekommen. »Also, ich wollte schon angenommen werden, aber ich wusste auch, dass ich etwas anderes finden würde, sollte es mit der Offizierslaufbahn nichts werden.« Sie war aber davon überzeugt, dass sie für eine Bundeswehrlaufbahn einfach die richtige Einstellung hätte: Disziplin, Willen, Durchsetzungsvermögen, alles, was man braucht, um zu bestehen, wenn man sich unter Männer begibt. »Da waren auch Mäuschen bei der Prüfung, aber die haben es nicht geschafft, ich jedoch.«

In einer Studie des Sozialwissenschaftlichen Instituts der Bundeswehr[3] wurden Soldatinnen nach ihren Motiven befragt, die sie veranlassten, in die Streitkräfte einzutreten. Anhand von Interviews wurden sechs Bereiche ermittelt: Einflüsse des persönlichen Umfelds, berufliche Perspektiven, ökonomische Überlegungen, militärspezifische Aspekte, emanzipatorische Gesichtspunkte sowie individuelle Ansichten. Einflüsse des persönlichen Umfelds sind laut dieser Untersuchung das stärkste Motiv. Meist waren schon die Väter bei der Bundeswehr und hatten ihre Töchter entsprechend geformt. Nicht hoch, aber doch deutlich, war bei den Befragten auch der emanzipatorische Gesichtspunkt. Sich in einer Männerwelt behaupten zu können und sich damit vom »Püppchen« und dem klassischen Frauenschema abzusetzen, spielte bei etlichen der befragten Soldatinnen der ersten Generation eine wichtige Rolle.

Die Studie ergab weiterhin, dass sich das Wertesystem der befragten Soldatinnen mit einer Pflicht- und Hingabeethik beschreiben lässt, also als »typisch militärisch«. So heißt es dort: »In der hierarchischen Dimension werden Tugenden genannt wie Disziplin, Befehl und Gehorsam, Zucht und Ordnung, Ein- und Unterordnung, Sauberkeit, Stil und Form, Benehmen, Gerechtigkeit und Korrektheit. Unter die funktionale Dimension fallen Tugenden wie Kameradschaft, Teamgeist, Pflichtbewusstsein, Dienen, Tapferkeit, Mut, Opferbereitschaft und Loyalität. Insbesondere der Aspekt der Kameradschaft hat bei den befragten Frauen einen sehr hohen Stellenwert.«[4]

Die *Sulzbach-Rosenberg* ist fast fünfundfünfzig Meter lang und gut neun Meter breit. Die Kabine von Oberleutnant Helena Linder misst sechs Quadratmeter, die Dusche und die Toilette benutzen vierzehn Leute. Linder ist nicht die einzige Frau an Bord, dennoch teilt sie die Kabine mit einem Mann: dem 3. Wachoffizier. Das ist praktisch, denn wenn er auf Wache ist, kann sie schlafen. Hoppla, denkt man, mit einem Mann, wie bitteschön geht das? Auf Rückzug, ganz zu schweigen von einer Privatsphäre, darauf verzichten sowieso alle an Bord eines Schiffes. Aber wohin mit all den intimen Dingen eines Frauenlebens? Mit Kosmetika und Fotos, mit Anti-Falten-Cremes und Tampons und vielleicht dem Teddy aus der Kinderzeit, dem Tagebuch? Laienfragen, zu denen Helena Linder geduldig lächelt. Schließlich ist sie Marineoffizier. Da fragt man sich vielleicht nicht, wie so etwas geht. Es hat zu gehen. Weil es muss. Gefühle, Unpässlichkeiten, Launen, das hebt man sich eben auf, bis man wieder in seiner eigenen Wohnung ist, nach Feierabend eben, wenn die Uniform im Schrank hängt.

Dann plaudert sie doch noch ein wenig darüber, dass es nicht immer leicht ist. Ohne dies als frauenspezifisches Problem zu sehen, frauenspezifisch gibt es bei ihr nicht. Als allgemein menschliches eben. Wie sie manchmal friert, wenn sie auf der Brücke Wache hat und mit der feuchten Kälte auch die Müdigkeit den Körper hochkriecht. Wie sie sich sehnt nach einem warmen Bett oder wenigstens ihrer Koje. Oder wie unvermeidlich der Abend kommt, an dem sie Heimweh packt und Sehnsucht nach der eigenen Wohnung, nach ihrem Freund. Danach, kochen zu können, worauf sie gerade Appetit hat. Nicht immer das Bordessen. Überhaupt nach kleinen Dingen, die mit Lebensqualität und dem eigenen Ich zu tun haben. Duschen beispielsweise. In dem kleinen Duschraum an Bord kann man sich kaum umziehen, länger verweilen ohnehin nicht. »Da steht schon immer der Nächste vor der Tür.«

Als sie nach fast einem halben Jahr auf See endlich wieder nach Kiel zurückkehrt, hat sie dann doch die Nase voll. »Zum Schluss hat es sich gezogen«, sagt sie.

Auf der Pier standen beim Einlaufen zur Kieler Woche ihr Freund, ihr Bruder, ihre Mitbewohnerin mit einem Willkommensschild. Was tut eine Marinesoldatin, wenn sie nach vielen Monaten auf See wieder zu Hause ist? Schlafen, sagt sie. Fleisch vom Metzger essen, frischen Salat. Und gleich wieder arbeiten. Nachbesprechung der Manöver.

Linders Karriere bei der Bundeswehr begann wie jede mit der Grundausbildung. An ihre Grenzen sei sie da nie geraten. »Ich bin hart im Nehmen und hatte mir vorgenommen, die Grundausbildung zu beenden, ohne zu mosern.« Anschließend ein Techniklehrgang, ein Lehrgang für NATO-Englisch – »die Bundeswehr investiert viel in eine gute Ausbildung«. Dann der Höhepunkt: die acht Wochen Pflicht für Offiziersanwärter auf dem Schulsegelschiff *Gorch Fock*, das große Abenteuer. »Die schönste Zeit überhaupt.« Das Schlafen in den Hängematten: »superbequem«. Linders Lieblingsbeschäftigung an Bord: das Klettern hoch in die Rahen. »Da hatte ich Spaß.« Ohne Handschuhe, auch im Winter, auch am Skagerrak, weil man aus ihnen herausrutschen kann. Nun gut, aber sind klamm gefrorene Hände geeignet, sich wirklich festzuhalten? »Oh, das tut man schon. Wenn man runterfällt, ist man ja tot.«

Wieder an Land begannen für sie die Offizierslehrgänge. Auf dem Lehrplan: Navigation, Wehrgeschichte, Truppenkunde. Sie machte ihren Kraftbootführerschein und ein Praktikum auf der Fregatte *Rheinland-Pfalz*. Sie wird Fähnrich, Leutnant, schließlich Oberleutnant. Das sind Regelbeförderungen. Jeden weiteren Dienstgrad muss sie sich ab jetzt erarbeiten, durch Leistung verdienen.

Danach studiert sie an der Bundeswehruniversität in München Wirtschafts- und Organisationswissenschaften. 2008 folgte der erste Auslandseinsatz vor der Küste des Libanon. Mit der Resolution 1701 vom August 2006 und der Resolution 1773 vom August 2007 hatte der UN-Sicherheitsrat beschlossen, die Situation im Libanon als Bedrohung des Weltfriedens und der internationalen Sicherheit zu sehen. Eine Sicht, die den Einsatz internationaler Friedenstruppen rechtfertigt. UNIFIL (United Nations Interim Force in Lebanon) ist die älteste Mission der Vereinten Nationen, ihr Ziel ist es, die Sicherheit im bürgerkriegszerrütteten Südlibanon wiederherzustellen. Die Aufgabe der beteiligten Marineeinheiten besteht darin, die libanesische Küste vor Angriffen zu schützen und den Schmuggel von Waffen zu unterbinden. »Die drei Monate dort sind mir sehr, sehr lang vorgekommen. Es war ein monotoner Einsatz.« Das Tagespensum: Kam ein sich näherndes Schiff verdächtig vor, wurden die libanesischen Behörden informiert. Aber lässt sich mit einem solchen Einsatz der Waffenhandel verhindern? Linder zuckt mit den Schultern. »Das zu beantworten, bin ich wohl nicht berechtigt.«

Weil die Bundeswehr unter Rekrutierungsproblemen, Akzeptanzschwierigkeiten und einem Mangel an intellektuellen Bewerbern leidet, sind Frauen wie Helena Linder ein Glücksfall: hoch motiviert, gebildet und talentiert. »Im Wettbewerb um den qualifizierten Nachwuchs zwischen der Bundeswehr und dem ›freien Markt‹ bedarf es einer kohärenten Strategie«, heißt es in einem Aufsatz der Bundeswehrzeitschrift für Innere Führung. Und weiter: »Die Bundeswehr braucht mitdenkendes, gut ausgebildetes, leistungsfähiges und leistungswilliges

Personal, das von seinem Auftrag überzeugt ist.«[5] Das sozialwissenschaftliche Institut stellt fest, dass ohne Frauen »die Lücke zwischen den personalpolitischen Planvorgaben einerseits und den Ist-Zahlen andererseits in der Tat weitaus gravierender« wäre.[6]

Doch wie diese Frauen halten, wenn die »abenteuerliche« Zeit der Ausbildung vorbei ist, sie Stabsdienst auf Planstellen tun, vielleicht von einer Dienststelle zur nächsten ziehen? Auch für Helena Linder könnte die Bundeswehrzeit nur ein Sprungbrett sein. Wenn ihre zwölfjährige Pflichtzeit in drei Jahren beendet ist, hat sie eine Ausbildung, die ihr viele Chancen eröffnet, und dazu eine gute Abfindung auf dem Konto. Noch weiß sie nicht, ob sie nach der Pflichtzeit Berufssoldatin werden will, kann sich auch vorstellen, sich beim Auswärtigen Amt zu bewerben oder ihren Master in Management zu machen und in einer großen Firma zu arbeiten.

Zunächst aber ist Urlaub mit dem Freund geplant. Erst Tauchen in Mexiko, dann ein Besuch beim Vater, der inzwischen Botschafter in Guatemala ist, anschließend gemeinsam mit den beiden Männern Segeln vor der Küste von Belize. Dann ein paar Tage beim Bruder in München. Noch ein Jahr wird Linder auf der *Sulzbach-Rosenberg* bleiben, halbjährige Fahrten aber sind nicht mehr vorgesehen. Wie es weitergeht, das lässt sie auf sich zukommen: »Hauptsache spannend und herausfordernd.«

5

Die Streitkräfte: Mandatserfüller zwischen Krieg und noch immer keinem Frieden

Mit dem Wegfall der alten Weltordnung, der Unterscheidung in West und Ost, schwanden alte Feindbilder, entstanden neue Ziele. In ein vereintes Europa eingebettet, stand die Bundeswehr (und das Verteidigungsbündnis NATO) nicht mehr vor der Aufgabe, Territorium zu schützen, sondern sicherheitspolitische Interessen zu verteidigen. Die bisherige militärische Intention, deren extremste Ausrichtung »Krieg« bedeutete, wich dem Ziel, Konflikte zu verhindern und bereits bestehende, aber brüchige Friedensabkommen zu überwachen und zu stabilisieren. Das Wort »Peacekeeping« (Friedenssicherung) hielt Einzug in die Bundeswehrsprache. Der neue Begriff war symptomatisch für eine komplexe und veränderte Aufgabenstellung: Feind und Ehr hatten ausgedient und mit ihnen das martialische Vokabular der alten Zeit. Nur amerikanische Präsidenten und psychopathische Diktatoren wagten noch, von »Angriff« und »Attacken« zu reden, beschworen das Eigene gegenüber dem anderen. Der zivilisierte Teil der Welt integrierte die bürgerlichen Ideale von Freiheit, Fortschritt, progressiver Konfliktbewältigung und Toleranz in seine militärischen Strukturen. Die neue Rolle moderner Armeen beinhaltete hauptsächlich den Schutz der Zivilbevölkerung, den Wiederaufbau – auch ökologisch und sozial – verwüsteter Gebiete, Überwachung von Menschenrechten, humanitäre Hilfe, Implementierung friedenserhaltender Maßnahmen.

Für die Bundeswehr bedeutete das eine stärkere Einbindung in das Weltgeflecht. Aus einer ruhenden Armee wurde ein bewegtes Team im multinationalen und Streitkräfte verbindenden Einsatz. Diese neue Aufgabe forderte und fordert ein hohes Maß an Einfühlung in komplexe soziale, politische, historische und kulturelle Faktoren – und also auch einen neuen Typus des Soldaten. Dessen bisherige Eigenschaften waren eng mit Kampf und Überlegenheit verknüpft, zielten auf Unterwerfung und Abschreckung. Sie taugten für die Verteidigung territorialer Interessen. Für eine Zivilisierung internationaler Politik und eine Zusammenarbeit mit Nichtregierungsorganisationen (NGOs), vor allem aber mit der Bevölkerung eines Krisengebiets sind sie wenig dienlich.

Der veränderte Auftrag der Bundeswehr wirbelte also nicht nur interne Strukturen auf, sondern veränderte auch die Erwartung an die Fähigkeiten, die ein Soldat mitbringen oder erwerben musste. In der Ära des klar umrissenen Feindbilds hatte die Gegenseite bestimmte Dispositionen, denen man mit bestimmten Maßnahmen gegenübertreten musste. Da der Feind eindeutig zu benennen war, gab es ebenso eindeutige Erkenntnisse über dessen Stärke und Einfluss. Die neuen Gegner aber können nicht mehr genau eingeschätzt werden, sie sind keine kongruente Gruppe. Die neuen Gegner sind Menschen verschiedener Nationen mit Vorstellungen, für deren Verwirklichung sie sich des Terrors bedienten. Sie bringen Elend nicht nur über jene, deren Ideologie sie verurteilen und mit Gewalt bekämpfen, sondern auch über die eigenen Leute.

Aus all diesen Gründen soll der Soldat der neuen Zeit also nicht nur schießen, sondern auch kommunizieren können, nicht nur Treffsicherheit, sondern auch Einfühlungsvermögen besitzen, sich fremden Kulturen öffnen und sich in ihnen so bewegen, dass er der Zivilbevölkerung als schützend erscheint. Ein hoher Anspruch, dem eine schwindende Zahl von freiwilligen Soldaten und zunehmend unwilligen Wehrpflichtigen gegenübersteht.

Die neue Armee im Einsatz, eingebunden in ein internationales Vorgehen und damit ein Global Player, rückte auch erneut und verstärkt in den Mittelpunkt der Öffentlichkeit. Die ruhende Bundeswehr hatte die Medien nur noch im Zuge der Wehrpflichtdebatte beschäftigt, das änderte sich schlagartig mit dem Eingreifen der Bundeswehr in die Balkankriege 1994 und 1999. Die sich in der und als Teil der Welt – vor allem der krisengeschüttelten Welt – bewegende Bundeswehr wurde kritisch beäugt. Entsprechend begann man, einen immensen Apparat zur Vermarktung und Selbstdarstellung zu schaffen. Jede Teilstreitkraft erhielt ein eigenes Pressebüro, und die in die interessierte oder auch nicht interessierte Welt hinausgeschickten Mitteilungen erreichten bald ein Maß an Geschwätzigkeit. Kein Grippefall an Bord einer Fregatte, kein Jubelschrei einer frischgebackenen Pilotin, kein Kasernenanstrich, der nicht an die Öffentlichkeit getragen wurde und wird.

Möglich, dass dem Selbstdarstellungs- und Publizierungszwang der Bundeswehr die Angst vor dem Vorwurf zugrunde liegt, man habe etwas zu verschweigen. Einige der Interviewpartnerinnen dieses Buches sehen in dem Informationsüberfluss der Streitkräfte eine Art Ablenkungsmanöver. »Wenn alles ans Licht käme, was hinter den Kulissen wirklich geschieht, vor allem in den Auslandseinsätzen, dann gäbe es die Bundeswehr bald nicht mehr«, sagte eine Soldatin, wollte dieses Zitat aber nicht unter ihrem Namen veröffentlicht sehen.

Dass Themen wie Tod und Gewalt, die brutale Wirklichkeit von Einsätzen in Krisengebieten ausgespart bleiben, fällt im Informations- und Pressemitteilungswust nicht weiter auf. Es entsteht der Eindruck, die Bundeswehr sei in die Dienstleistungsschiene gerutscht, versehe eine Serviceaufgabe, die mit Schutz und Sicherheit zu tun hat. Es würde nicht wundern, würbe die Bundeswehr demnächst mit folgendem Slogan: »Unsere Leistungen: 1. im Ausland: Terroristenbekämpfung, Wiederaufbau ziviler Strukturen, Piratenjagd, Unterstützung befreundeter Armeen. 2. im Inland: Landesschutz, Einsatz bei Hochwasser und Naturkatastrophen, Absicherung von Demonstrationen, Schutz gegen Rebellion und Anarchie.«

Trotz aller Informationen aber ist der Graben zwischen Öffentlichkeit und Soldaten, vor allem der Soldaten im Auslandseinsatz, größer geworden. Lediglich das Engagement im Kosovo fand, vielleicht wegen der geografischen Nähe, vielleicht aufgrund des klar umrissenen und für die Öffentlichkeit nachvollziehbaren Mandats, noch ein positives Feedback. Dass die Bundeswehr auch im Libanon vertreten ist, scheint schon seit Längerem aus dem Bewusstsein der Öffentlichkeit entschwunden zu sein.

Die Mission »Atalanta« in Djibouti hat es dagegen leicht, weil ihr ein Ruch von wilden Kerlen anhängt, der Einsatz sich in der Vorstellung der Bürger zur spektakulären Piratenjagd verwandeln lässt und Abenteuerfantasien bedient. Und weil die Mission als Erfolgsgeschichte verkauft werden kann, immer dann, wenn deutsche Fregatten im Golf von Aden Piratenüberfälle verhindern. Zudem sind die Guten und die Bösen nach alter Tradition verteilt, und der Schutz der Handelsschiffe dient schließlich auch den Interessen des deutschen Verbrauchers.

Bei Afghanistan aber scheiden sich die Geister, vor allem, seitdem die Situation dort zu einer täglichen Gefahr für die deutschen Soldaten wurde. Eine Entwicklung, die man nicht voraussah, womöglich nicht voraussehen wollte. Die wenigen, die bereits vor einigen Jahren ein Desaster prophezeit hatten, fanden kein Gehör. Inzwischen aber kommen deutsche Soldaten in Särgen nach Hause. Und was in der Öffentlichkeit los sei, wenn es die erste tote Soldatin geben würde, das wage er sich nicht auszumalen, sagte ein Major, der selbst lange in Kunduz war. Und fügte hinzu, bei der Bundeswehr sei man darauf nicht vorbereitet: »Es wird so getan, als könne der Fall nicht eintreten. Mit dem Tod beschäftigt man sich bei uns grundsätzlich nur ungern.«

2003, als die Bundeswehr ihren Einsatz über die Hauptstadt Kabul hinaus erweiterte und ihre ersten Soldaten im Rahmen der ISAF-Truppen (International Security Assistance Force, eine Sicherheits- und Aufbaumission in Afghanistan unter der Führung der NATO) in den Norden nach Kunduz schickte, waren Frauen nicht darunter. Damals galt der Norden Afghanistans noch als sicher, ganz im Gegensatz zum Süden um die Stadt Kandahar herum, wo die Amerikaner und die Briten ihre Soldaten stationierten. Überhaupt glaubte man in der Politik und bei der Bundeswehr – oder machte die Öffentlichkeit glauben –, der Einsatz sei lediglich eine temporäre Sache, einfach ein Beitrag zur Befriedung und Stabilisierung des Landes. Noch immer gilt die Mission am Hindukusch als »friedenserzwingender Einsatz«, gerade so, als ließen sich die entfesselten Taliban zu irgendetwas zwingen. Ohnehin ist das eine absurde Wortkombination, setzt dauerhafter Frieden eine Freiwilligkeit voraus, kann mit Zwang kaum erworben werden. Und doch ist das der offizielle Begriff, der in Deutschland von allen Parteien abgesegnet wurde und durch den die Öffentlichkeit den Eindruck erhielt, die Bundeswehr in Afghanistan, das sei so ein bisschen wie die Friedensbewegung der Hippies.

Der damalige Verteidigungsminister Peter Struck brachte Politik und Öffentlichkeit zudem mit der Behauptung auf Kurs, am Hindukusch werde auch die Sicherheit Deutschlands verteidigt, und bis heute ist nicht klar zu durchschauen, ob dem so ist oder ob Ängste für politische Ziele instrumentalisiert werden. »Es ist nicht unser Krieg, eigentlich haben wir da nichts zu suchen, wir verteidigen lediglich amerikanische Interessen«, das sind Sätze, die einige der interviewten Soldatinnen äußerten, ohne dies als ihre Meinung gedruckt sehen zu wollen. Und auch dies äußerte eine der Frauen: »Wir deutschen Soldaten werden in Kunduz bedroht, weil die Amerikaner in Afghanistan nur Scheiße bauen.«

Wie anders klang das im Jahr 2002, als Hamid Karzai, der neue afghanische Präsident, zur großen Zukunftskonferenz seines Landes auf dem Petersberg bei Bonn erschien und mit seinem eleganten Auftreten und seinem Intellekt die Hoffnung schürte, Afghanistan könne befriedet und erneut zu einem Kulturstaat werden. In den Medien erschienen Berichte über die persische Vergangenheit, über kunstvolle Moscheen und wertvolle Darstellungen, Erzählungen von Philosophen und Schriftgelehrten, die einst den Charakter dieses Landes mit formten.

Es schien, als müsse man nur mit westlicher Hilfe und ein wenig Militärpräsenz, mit einer führenden und erziehenden Hand für Recht und Ordnung sorgen, Regierung und Bevölkerung zur Demokratie anleiten – und schon sei alles wieder gut am Hindukusch. Hippies und Weltreisende erinnerten sich an ihre Trips in den Siebzigerjahren, als in Kabul alles lässig erschien und ansonsten die Berge wirklich beeindruckend waren. Gutes Opium gab es damals auch.

Der Friede aber, so recherchierten es die *stern*-Journalisten Christoph Reuter und Axel Vornbäumen im September 2009 unter der Titelgeschichte: »Raus aus Afghanistan – Aber wann und wie?«, erstickte schon als Keimling unter einem umfassenden politischen Kalkül, weil die USA und die Vereinten Nationen die afghanische Regierung im Prozess der Loja Dschirga – der Rat aller Stammesfürsten zur Klärung nationaler Fragen – im Jahr 2002 zwangen, auch die ehemaligen Warlords an der Macht zu beteiligen. Das war der Dank des Westens für die Hilfe dieser »Kriegsfürsten« im Kampf gegen die Taliban. Der Weg zu einer demokratischen und gerechten Struktur sei damit verbaut gewesen, so die *stern*-Reporter in ihrem Artikel, der mit »Ausweg gesucht« überschrieben war.

Afghanistan genas nicht am westlichen Wesen, nicht an den Einsätzen im Namen der Menschlichkeit und auch nicht an denen unter dem Banner von Ausweitung und Sicherung von Machtinteressen, etwa dem Zugriff auf Ölpipelines. Im Gegenteil: Die Stimmung unter der Zivilbevölkerung kippte unter dem amerikanischen Bombardement von Zivilisten, und auch die Bundeswehr geriet mehr und mehr ins Feuer von Terroristen, Taliban-Kämpfern und anderen erklärten Feinden der westlichen Anwesenheit. Von Befreiung war keine Rede mehr. »Okkupanten« nannte man die Soldaten nun, auch die der Bundeswehr. *Enduring freedom*, der angestrebte anhaltende Friede, ist zu einem *Enduring conflict* geworden, zu einem festgefahrenen Konflikt, für den es keine schnellen Lösungen mehr gibt.

Einst kamen die Taliban ins Bewusstsein der deutschen Öffentlichkeit nach dem Ende der sowjetischen Besatzung Afghanistans. Die ehemaligen Widerständler gegen die Sowjets, die Mudschaheddin, zerfielen in verschiedene Gruppen und waren untereinander zerstritten. 1994, unter der Führung von Mullah Omar, formierten sich die Taliban zu einer kleinen Miliz, die im Gebiet von Kandahar operierte. Logistisch und finanziell wurden sie von Pakistan und den Amerikanern unterstützt, die in den Taliban zunächst eine pro-westliche und anti-iranische Kraft sahen. Für den Bau einer Erdgaspipeline zwischen Turkmenistan und Pakistan brauchten die USA damals eine stabilisierende Macht in Afghanistan.

Dass Geister, die man ruft, mitunter zu stark werden, dämmerte den Amerikanern und wohl auch dem Rest der Welt, als die Taliban 1997 zur dominanten Bewegung in Afghanistan geworden waren und drei Viertel des Landes inklusive der Hauptstadt Kabul regierten. Im März 2001 zerstörten sie die fast 1400 Jahre alten Buddhastatuen in einer Höhlennische im Tal von Bamiyan und rückten damit endgültig ins Licht der Weltöffentlichkeit. Dennoch schien es damals noch, als habe man es mit einer Horde ideologisch fehlgeleiteter Fanatiker zu tun, die man in kurzer Zeit so isolieren könne, dass die Zerstörung ihrer Ideologie gelänge.

Seither ist aus dem Einsatz in Afghanistan vor allem ein Test für den eigenen Mut geworden und ein Ausloten der Grenzen dessen, was man bereit ist zu ertragen. Im Namen des militärischen Auftrags und des Bündnisses, in dessen Rahmen so ein Einsatz stattfindet. Im Namen der Afghanen jedenfalls zu diesem Zeitpunkt nicht mehr. Seit Beginn der Terrorbekämpfungsaktion »Enduring Freedom« (OEF) im Jahr 2001 hatte es noch nie so viele Anschläge gegeben wie im Jahr 2009, in dem dieses Buch entstand. Über dreißig Angriffe allein auf die Soldaten der deutschen Bundeswehr im Norden des Landes, der doch noch vor einigen Jahren als sicher galt. Seither aber haben die Taliban auch dort immer mehr die Gebietskontrolle übernommen, zwingen die Bevölkerung durch Erpressung zur Unterstützung und sind den deutschen Soldaten gegenüber schon allein durch ihre Geländekenntnis im Vorteil.

Afghanistan beschäftigt die Öffentlichkeit in den Nachrichten, tatsächlich aber ist es ein Land, von dem man sich hierzulande nur schlecht ein Bild machen kann. Und wenn, ist es oftmals das Bild einer trockenen, wüsten Gegend mit rauen Menschen, denen eigentlich kaum zu helfen ist. Weil diese angeblich schon immer im Krieg lebten, das Gewalttätige ihrer Natur entspräche, sie unfähig zu demokratischen Strukturen seien, Stammeshierarchien den Weg zu Gerechtigkeit verbauten, die große Armut sie in die Kriminalität zwinge – um nur einige der gängigen Vorurteile zu nennen.

Dass es zu der *stern*-Schlagzeile »Raus aus Afghanistan« kommen konnte und einem unter der Hand auch Soldaten und Soldatinnen inzwischen sagen, das sei eine verlorene Sache, mag auch an der latenten Unehrlichkeit dieses Einsatzes liegen. Am Hindukusch soll die Bundeswehr laut ihres Mandats ein sicheres Umfeld wiederherstellen, die Arbeit der Entwicklungshilfeorganisationen schützen sowie den Wiederaufbau und die Etablierung demokratischer Strukturen unterstützen. Dazu darf sie – im Rahmen der Erfüllung der Resolution 1386 des UN-Sicherheitsrats – alle Mittel, also auch Waffengewalt, anwenden.

Das klingt eher nach einem Auftragsdurcheinander, denn nach einer klaren Mission. Wiederaufbau mit Schusswaffe? Etablierung demokratischer Strukturen mit Waffengewalt? Helfen die deutschen Soldaten also der Bevölkerung, ihre Straßen zu bauen, Schulen, Krankenstationen und Brunnen zu errichten? Nein, denn erstens ist ein freies Bewegen in den Dörfern zu gefährlich geworden, zweitens ist das ohnehin die Aufgabe von Entwicklungshilfeorganisationen – und die wissen, was sie tun, haben dafür geschultes Personal.

Die Bundeswehr ist in Afghanistan nach dem Willen der Regierung, die sie dorthin entsandte. Jede Kritik am Einsatz in diesem Land also müsste an die Regierung gerichtet sein. Ist sie aber nicht, im Gegenteil. Sterben in Afghanistan Soldaten und Zivilisten, wird es in den Medien oft dargestellt, als sei dies die Schuld der Bundeswehr und nicht das Ergebnis eines schwammigen Mandats mit unzureichend ausgestatteten Mandatserfüllern. Gerade in der Diskrepanz zwischen dem Auftrag – in friedlicher Absicht lauter gute Taten zu begehen – und der Wirklichkeit, sich inmitten eines Krieges zu befinden, kann die Bundeswehr in Afghanistan nur verlieren. Entweder sie trägt dazu bei, dass die Politiker daheim ihre weiße Weste wahren können – und beklagt Verluste –, oder sie wehrt sich gegen einen immer stärker werdenden Feind mit entsprechenden Mitteln. Und wird am Ende als Mörder von Zivilisten dastehen.

Für jene, die vor Ort im schlimmsten Fall ihr Leben riskieren, zumindest aber unter schwierigen Bedingungen drei Monate oder mehr ihren Einsatz leisten, die Staub und Hitze, einengende Verhältnisse und Heimweh ertragen müssen, ist die negative mediale Berichterstattung oftmals kaum zu ertragen, zumal sie sich als Verteidiger nicht nur der Menschen ihres Einsatzlandes, sondern auch des eigenen Landes sehen. »Vaterlandspflicht«, dieses Wort fiel in einigen der von mir geführten Interviews. Weil der Zusammenhang zwischen den Konflikten am Hindukusch und der Pflicht für das Vaterland jedoch den wenigsten Soldaten wirklich klar ist, oder weil es vielleicht auch keinen Zusammenhang gibt, bleibt ein Gefühl von Ohnmacht. Die negative Rezeption der soldatischen Arbeit verstärkt dieses Gefühl noch.

Fragt man die Soldatinnen, was sie über Afghanistan wissen, sind die Antworten meist stromlinienförmige Gemeinplätze. Es sei die Pflicht des Soldaten, die Aufgabe der Bundeswehr, »dorthin zu gehen«, sie hätten schließlich Entsprechendes unterschrieben. Zwar werden sie mittels einer Einführung in Geschichte und Sozialwesen dieses Landes auf ihre Mission vorbereitet, doch reicht das bei Weitem nicht, um die Komplexität des afghanischen Dilemmas zu verstehen. Die Soldatinnen und Soldaten sind für spezielle Aufgaben ausgebildet, nicht für das Überleben in einem Krieg. In Afghanistan erledigen sie weiterhin ihre Arbeitsroutine – nur eben unter extrem feindlichen und schwierigen Bedingungen. So wie Kriegsfotografen ihre Bilder machen, ganz gleich in welchem Krieg, was zählt, ist das gute Bild.

Aber rechtfertigt eine einmal geleistete Unterschrift die Verdrängung von Emotionen und Ängsten? »Die besonderen Rahmenbedingungen des Soldatenberufes müssen jedem Soldaten und jeder Soldatin bereits bei der Berufsentscheidung klar sein. Dies schließt die uneingeschränkte Bereitschaft zum Einsatz im Ausland mit ein.«[7] Als ob man mit achtzehn Jahren, einem Alter, in dem viele bei der Bundeswehr zu arbeiten anfangen, wissen könnte, worauf man sich einlässt. Was ist der Tod, wenn man sich doch für unsterblich hält? Was die sperrige Furcht in einem Alter, in dem das Leben noch geschmeidig scheint? Und was sind das für Zeiten, in denen Mütter und Väter ihre Söhne und Töchter wieder in einen Krieg ziehen lassen müssen? Diese Fragen bergen viel emotionales Potenzial, doch am Ende eines Tages, wenn alle politischen und völkerrechtlichen Fragen gestellt und debattiert wurden, bleibt der Gedanke, dass wir genau dieses nie wieder wollten.

Der Einsatz im Ausland ist Teil der Bundeswehrlaufbahn. Was heißt: Weigerung gibt es nicht, nur besondere, nicht allzu konkret definierte Umstände, unter denen von einem Engagement eines Soldaten, einer Soldatin Abstand genommen werden kann. Es ist also beileibe keine Freiwilligkeit, die junge Menschen an den Hindukusch treibt. Auch die Aussicht auf guten Verdienst, so offenbarte es die eine oder andere Gesprächspartnerin, sei ein Anreiz. Die paar Monate, sagt sich wohl mancher, gehen schnell vorbei, dafür kann man sich nach der Rückkehr ein Auto kaufen, Haushypotheken ablösen.

Für einige waren es die letzten drei Monate ihres Lebens.

6

»Es geht nicht darum, der Dame die Tür aufzuhalten«

Hauptbootsmann Daniela Klante, Verteidigungsministerium, Bonn

Daniela Klante ist die erste Gleichstellungsbeauftragte des Bundesministeriums der Verteidigung und hat ihr Büro auf der Hardthöhe in Bonn. Sie wurde 2005 gewählt und trat ihre Stelle im neu geschaffenen Amt am 1. November 2005 an. Daniela Klante wurde 1976 in Cottbus geboren und ist seit sechzehn Jahren bei der Bundeswehr, zurzeit im Rang einer Frau Hauptbootsmann (dritthöchster Feldwebeldienstgrad). Sie begann ihre militärische Laufbahn im Sanitätsdienst und machte danach eine Unteroffiziersausbildung, die sie unter anderem zur Luftwaffe, an die Marinewaffenschule in Kappeln sowie zum militärischen Abschirmdienst führte. Sie lebt mit einem Soldaten zusammen und ist Mutter einer siebenjährigen Tochter.

Das Amt der Gleichstellungsbeauftragten wurde bei der Bundeswehr im Zuge des Gesetzes zur Gleichstellung von Soldatinnen und Soldaten (SGleiG) geschaffen. Dieses erließ der Bundestag am 27. Dezember 2004, es trat am 1. Januar 2005 in Kraft. Ziel des Gesetzes ist die Beseitigung und Verhinderung von Diskriminierungen aufgrund des Geschlechts sowie Maßnahmen zur Förderung von Soldatinnen, um bestehende Benachteiligungen abzubauen. Weiterhin dient das Gesetz dem Ziel, die Vereinbarkeit von Familie und Dienst zu verbessern. Zudem ist es so etwas wie ein dienstlicher Gleichstellungsbefehl: Alle Soldatinnen und Soldaten sind in ihrem Dienstbereich verpflichtet, die Gleichstellung zu fördern.

Frau Klante, wie sind Sie zur Bundeswehr gekommen?

Ich wurde angeworben, im Rahmen eines schulischen Berufsfindungsforums. Auch die Bundeswehr war dort vertreten. Ich habe erzählt, dass ich Leistungssport betreibe. Mir wurde gesagt, es gäbe eine Sportfördergruppe und ob ich daran interessiert sei. Mein Interesse an der Bundeswehr selbst war groß, das an der Sportfördergruppe jedoch nicht so. Deshalb entschied ich mich für den Sanitätsdienst, weil die Arbeit und die Aufgaben mich schon sehr gelockt haben.

Wie wird man Gleichstellungsbeauftragte im Verteidigungsministerium?

Für dieses Amt habe ich kandidiert und bin von den Soldatinnen der einzelnen Dienststellenvertretungen gewählt worden.

Was sind Ihre Aufgaben?

Als Angehörige des Ministeriums berate und unterstütze ich die Dienststelle in allen Fragen der Gleichstellung und bin Ansprechpartnerin für Soldatinnen und Soldaten. In dieser ersten Legislaturperiode des neuen Amts ging es vor allem darum, es als solches zu etablieren und das SGleiG mit Leben zu füllen, seine Bedeutung herauszustellen. Am Anfang war viel Skepsis da, denn allzu oft wurde die Sinnhaftigkeit des Gesetzes infrage gestellt, einige befürchteten, es sei ein reines Frauengesetz. Es gibt in diesem Gesetz eine Quotenregelung, die besagt, dass Frauen bei gleicher Eignung, Leistung und Befähigung zu bevorzugen seien. Das erregte Anstoß bei einer großen Zahl der Männer. Ich musste erst mal Lobbyarbeit leisten, vor allem zum Thema Frauenförderung. Es galt zu erklären, dass die Frauenförderung kein Bonus ist, sondern tatsächlich erst dann einsetzt, wenn tatsächlich Eignung, Leistung und Befähigung messbar gleich sind.

Aber auch Soldatinnen haben das Gesetz kritisiert.

Nun, Gleichstellung ist ein Staatsziel. Soldatinnen störten sich daran, dass sie wegen ihrer Rechte in den Fokus gestellt wurden. Und das ist in der Tat störend, wenn man doch eigentlich nur seinen Job machen möchte.

Viele der Soldatinnen der ersten Stunde sind heute Mütter und klagen über die schlechte Vereinbarkeit von Dienst und Familie. Bei der Bundeswehr beginnt man heute, Teilzeitstellen und Kinderbetreuungsangebote zu schaffen. Zu spät und zu langsam, wie einige Soldatinnen bemängeln. Warum hat man erst so spät reagiert und ist nicht schon Jahre zuvor in die Planungen eingestiegen?

Ich finde, die Bundeswehr ist ihren gesetzlichen Pflichten nachgekommen. Der Anspruch, ein attraktiver Arbeitgeber zu sein, ist gestiegen. Deshalb soll die Vereinbarkeit besser gestaltet werden. Das gilt ja auch für andere Unternehmen. Die Forderung nach einer Berufszufriedenheit ist allgemein gestiegen. Ich habe mein Kind bekommen, als ich mitten im soldatischen Berufsleben war, und sah die Suche nach einer Betreuung für meine Tochter nicht bei meinem Arbeitgeber, sondern bei mir. Und damals hatte ich auch noch nicht die Wahl, in Teilzeit zu gehen oder gar einen Telearbeitsplatz in Anspruch nehmen zu können. Vielmehr hat es mich gestört, dass die Kommunen mir keine Kinderbetreuung bieten konnten, welche sich mit meiner Dienstzeit deckte. Dass es heute vielfältige Möglichkeiten zur Vereinbarkeit von Familie und Dienst gibt, ist in meinen Augen eine Errungenschaft.

Ist Ihr neues Amt, vor allem gemessen an der Tatsache, dass Sie auch die Mittelsfrau zu den politischen Gremien sind, nicht eine enorme Herausforderung gewesen?

Natürlich. Aber ins kalte Wasser wurde ich nicht geworfen. Ich habe ein Einweisungsseminar besucht, in dem das Gesetz in allen Einzelheiten und mit seinen juristischen Konsequenzen beleuchtet wurde. Aber zunächst einmal war da eben nur die juristische Aussage, und ich musste eine Amtsphilosophie entwickeln, die sich möglichst als roter Faden durch die Legislaturperiode ziehen sollte. Ein Beispiel für diese Philosophie: nicht reine Frauenförderung zu betreiben, sondern das Prinzip der Gleichstellung umzusetzen. Das bedeutet, man muss auch kritisch hinterfragen, ob sich die Dienstpostenbesetzung an einem Geschlecht ermessen lässt.

Was ist das Besondere an dem Soldatinnen- und Soldatengleichstellungsgesetz?

Dieses Gesetz hat sich auf der Grundlage des Bundesgleichstellungsgesetzes (BgleiG) entwickelt. Weil aber der Soldatenberuf eigentümlich ist, unterscheiden sich die beiden Gesetze in Kleinigkeiten. Wir tragen Uniformen, wir sind bewaffnet, wir gehen in Auslandseinsätze, geben für die Auftragserfüllung eventuell auch unser Leben. Das alles erfordert natürlich bestimmte juristische Nuancen.

Zum Beispiel?

Im BGleiG heißt es, dass zusätzliche Auslagen für Kinderbetreuung, welche durch Fortbildungen entstehen können, erstattet werden. Dies ist bei Soldatinnen und Soldaten bislang anders, eine Erstattung gibt es nicht. An diesem Punkt wird aber gearbeitet.

Was hat sich seit der Öffnung der Bundeswehr für Frauen im Bereich Gleichberechtigung getan?

Anfangs ging es sehr viel um optische Maßnahmen, etwa um Uniformschnitte und auch um das Erscheinungsbild der Soldatin. Diese Diskussionen waren vor zehn, vor sechzehn Jahren, als ich meinen Dienst bei der Bundeswehr antrat, noch immens; das ist heute Schnee von gestern. Auch das Amt der Gleichstellungsbeauftragten ist heute akzeptiert, und irgendwann konnte man anfangen, Themen zu entwickeln. Fragen nach der Integration von Frauen in der Männerdomäne Bundeswehr, die ganz am Anfang meiner Amtszeit einen großen Raum einnahmen, erreichen mich aktuell weniger. Die meisten Fragen drehen sich um die Vereinbarkeit von Familie und Beruf. Das ist nicht rein frauenspezifisch, sondern auch ein Männerthema.

Würden Sie von einer Normalisierung im Integrationsprozess sprechen?

Nach meinen Empfindungen und Erkenntnissen, die ich sammeln konnte, ist eine weitgehende Normalisierung eingetreten. Kritische Punkte waren in der Vergangenheit sexuelle Belästigung und Mobbing. Wenn es um sexuelle Belästigung geht, gibt es noch immer Einzelfälle, die mich schockieren. Hingegen ist das Thema Mobbing schwer zu greifen. Mobbing ist ein sehr subjektiv empfundener Zustand, und die Schwere wird von jedem Menschen individuell interpretiert. Bei einem Menschen reicht ein flapsiger Spruch, der andere reagiert erst auf dauerhafte Anfeindungen. Man darf nicht vergessen, dass das Personal der Bundeswehr genauso die gesellschaftliche Realität spiegelt wie in anderen beruflichen Bereichen. Man kann aber definitiv sagen, das sind Einzelfälle.

Bald ist es zehn Jahre her, dass Frauen der Zugang zu allen Teilstreitkräften der Bundeswehr geöffnet wurde. Hat sich die Bundeswehr in diesen zehn Jahren durch die Frauen verändert?

Was von Anfang an viele Vorgesetzte berichtet haben, ist, dass sich der Umgangston positiv geändert hat.

Aber es hat keine Verweiblichung der Bundeswehr stattgefunden?

Aus meiner Sicht nicht.

Und wie sieht es mit der Vermännlichung von Soldatinnen aus?

Ich habe im Laufe meiner Dienstzeit einige Frauen kennengelernt, die maskuline Züge an sich haben. Ob nun zum Selbstschutz oder um nicht in der Gruppe aufzufallen, weiß ich nicht. Einige Frauen sagen, dass sie bemüht sind, während der Dienstzeit ihre Weiblichkeit zu unterdrücken. Aber ich weiß nicht, ob das dann schon immer bei ihnen so war oder ob sich das im Laufe der Zeit entwickelt hat.

Sind sehr weibliche Frauen bei der Bundeswehr fehl am Platz?

Es gibt die maskulinen Damen, es gibt aber auch besonders feminine Frauen. In erster Linie sind sie jedoch alle Soldatinnen. Was zählt, ist, dass jede ihren Job macht.

Bevor die Bundeswehr sich den Frauen öffnete, hat es viele interne und auch öffentliche Diskussionen gegeben. Ein großer Teil der Soldaten sah den reibungslosen Alltagsablauf in Gefahr. Hat sich diese Skepsis inzwischen gelegt?

Ich erlebe immer häufiger, dass ältere Kameraden sagen, sie seien eines Besseren belehrt worden. Das halte ich für eine gute Entwicklung. Aber der Prozess der Akzeptanz ist noch nicht abgeschlossen, die letzte männliche Insel noch nicht aufgegeben. Das braucht Zeit, denn man muss verstehen, es war ein Herausrücken der letzten Bastille. Selbst die Polizei hatte bereits langjährige Erfahrungen mit Frauen im Dienst gesammelt. Bis auf Amazonen kennt die Geschichte keine kämpfenden Frauen. Kriege haben immer die Männer ausgetragen. Besonders bei jungen Männern sollte man glauben, dass klischeehaftes Denken ein alter Hut sei. Jedoch habe ich festgestellt, dass dies nicht immer richtig ist. Ich führe dies auf eine konservative Erziehung zurück.

Wenn man einen Blick zurückwirft: Welche Veränderungen musste die Bundeswehr leisten, um den Öffnungsprozess zu bewältigen?

Am Anfang gab es für Offiziere ein Seminar mit dem Titel »Partnerschaftlich handeln«. Da ging es um soziale Kompetenz, den Umgang miteinander und um Fragen nach dem Verhalten in bestimmten Situationen. Dass dies manchen Offizieren nicht leichtfiel, das ist klar. Sie wurden in ihrer reinen Männerwelt plötzlich damit konfrontiert, dass da jetzt Frauen sind, die auch Kompetenzen besitzen. Das war für manche Herren erst mal befremdlich, denn bis zu diesem Zeitpunkt kannten diese die Soldatinnen nur, wenn sie einen Termin bei der Truppenärztin hatten. Es war also nötig, bestimmte Kernfragen zum partnerschaftlichen Umgang zu klären. Damit die Herren verstanden, dass es nicht darum geht, der Dame die Tür aufzuhalten, sondern im Team zu arbeiten.

Gibt es Bereiche, in denen die Gleichberechtigung noch hinkt?

Bei 250 000 Soldaten und Soldatinnen ist das immer ein Prozess, die Gleichstellung muss in vielen Schritten erfahren werden. Und dadurch, dass sich die Gesellschaft wandelt, verändern sich auch die Probleme. Gleichstellung ist eine Entwicklung.

Haben Frauen dieselben Laufbahnchancen wie Männer?

Grundsätzlich greift das Prinzip der Eignung, Leistung und Befähigung. Wenn dies unter Beweis gestellt wurde, dann steht alles offen. In Zukunft wird die Zahl der Frauen steigen, die Führungspositionen einnehmen. Jedoch wird dies aufgrund der intensiven Ausbildungsgänge noch etwas dauern. Frauen sind aber bereits Kompanie-Chef oder haben vergleichbare Dienstgrade inne. Bis wir aber eine Generalinspekteurin vorweisen können, wird wohl noch einige Zeit ins Land ziehen. Bundeskanzlerin wird man ja auch nicht sofort nach dem Abitur.

Wird es also demnächst in militärischen Führungspositionen einen Frauenanteil geben, der dem des allgemeinen Frauenanteils bei der Bundeswehr entspricht?

Da bin ich mir ganz sicher. In den nächsten Jahren werden die Frauen in den Führungspositionen sehr aufholen. Wir sind jetzt bei acht Prozent, ich denke, wir werden auf 15 Prozent kommen.

Manche Soldatinnen sind der Meinung, sie müssten als Frau mehr leisten als Männer, um dieselbe Anerkennung zu finden. Teilen Sie diese Einschätzung?

Das kann ich nur in Teilen bejahen. Vor vier Jahren trat diese Aussage noch häufiger auf, da war das auch ein Thema in Zeitungsartikeln und anderen Veröffentlichungen. Der Prozess der Integration greift aber diesbezüglich.

Noch immer ist der Frauenanteil bei der Bundeswehr gering, und zugleich hat sie Nachwuchssorgen. Was sollte Ihrer Meinung nach getan werden, um die Streitkräfte als Arbeitsstelle für Frauen interessanter zu machen?

Das, was jedes andere Unternehmen auch macht: attraktiv sein. Für meinen Arbeitsbereich werden das die Fragen zur Vereinbarkeit von Familie und Dienst bleiben.

Die Entsendung von Frauen zu Auslandseinsätzen ist umstritten. Finden Sie es richtig, Frauen, die Familie haben, beispielsweise nach Afghanistan zu schicken?

Ich bin keine Frauenbeauftragte und keine Feministin. Meine Aufgabe besteht darin, zwischen Männern und Frauen die Gleichstellung herbeizuführen. Ich bewerte keine politischen Entscheidungen.

Glauben Sie nicht, dass die Öffentlichkeit aufschreien wird, wenn es die erste tote Soldatin gibt?

Wir erleben ständig, dass die Diskussion um die Einsatzsinnhaftigkeit erneut aufflammt, sobald Todesopfer zu beklagen sind. Das kann bei einem weiblichen Opfer noch intensiver sein, doch das ändert nichts an der grundsätzlichen Tragik. Jeder Einzelne ist ein großer Verlust. Deshalb würde ich die Opferfrage zwischen den Geschlechtern nicht forcieren.

Erleben Sie nicht, dass die Frauen Angst vor einem Auslandseinsatz haben, besonders dann, wenn sie Kinder haben?

Diese Ängste sind definitiv da. Auch Familienväter haben Angst. Doch wir sprechen hier von Menschen, die sich sehr bewusst für den Soldatenberuf entschieden haben, die schon bei ihrer Bewerbung wussten, dass es Einsatzszenarien gibt, die eine Versehrtheit mit sich bringen können, im schlimmsten Fall auch den Tod.

Aber eine Achtzehnjährige kann doch den Tod noch gar nicht ermessen. Und als sich 2001 die Frauen bei der Bundeswehr bewarben, war nicht absehbar, dass sich der Afghanistankonflikt zu einem nicht erklärten, de facto aber bestehenden Krieg entwickeln würde.

Ja, es gibt da, wie ich schon sagte, Ängste. Als ich zur Bundeswehr kam, war die Gefahr noch weniger greifbar, wenige Zeit später kamen dann die ersten Einsätze. Soldaten und Soldatinnen mit Familienpflichten denken hier auch anders als jüngere Kameraden. Ich fühlte mich als junger Mensch auch unverwundbar. Als Mutter sehe ich das anders. Aber es bleibt dabei: Man hat sich diesem Beruf verpflichtet, dementsprechend trägt man diese Entscheidung.

Auch dann, wenn man die Sinnhaftigkeit dieses Einsatzes nicht mehr nachvollziehen kann?

Das ist eine politische Diskussion, die ich nicht bewerten möchte. Es geht nicht um die Einschätzung des Sinns durch einzelne Personen, sondern um die Aufgabe der Soldatin und des Soldaten. Und die ist klar definiert. Jedoch wünschte ich, die Gesellschaft würde die Leistung, die unsere Soldatinnen und Soldaten vollbringen, mehr würdigen. Aufmerksamkeit gibt es nur, wenn etwas Schreckliches passiert. Die öffentliche Anteilnahme an der täglichen Arbeit ist nicht vorhanden, gelobt wird überhaupt nicht.

Die UNO und auch das Europäische Parlament fordern einen höheren Anteil von Frauen in den Peacekeeping-Einheiten, um den Bedürfnissen der Frauen in den Konfliktländern eine größere Aufmerksamkeit widmen zu können. Halten Sie das für sinnvoll?

In Konfliktländern gibt es die gleichgestellte Frau als solche gar nicht. Das hat religiöse oder kulturelle Gründe. Die Frauen haben sehr eingeschränkte Rechte. Wenn ich Hilfe leisten oder Unterstützung geben möchte, dann ist das nur möglich, wenn ich Zugang zur Bevölkerung erhalte. Männer finden oft nun mal keinen Zugang zu einheimischen Frauen, das heißt, mit Frauenproblematiken können sich oft auch nur Frauen beschäftigen. Natürlich trifft ebenso der umgekehrte Fall zu: Aufgrund der Rolle des Mannes in den Konfliktländern ist es westlichen Frauen kaum möglich, zu den einheimischen Männern eine Kommunikation aufzubauen. Da müssen wir uns den Gegebenheiten anpassen.

Sind Frauen in der Bundeswehr für bestimmte Aufgaben besser geeignet als Männer?

Ob man prinzipiell einen rein weiblichen Dienstposten schaffen soll, das weiß ich nicht. Die Teams sind in der Regel gemischt, und man teilt sich die anstehenden Aufgaben in diesen ohnehin auf, um sie nach bestimmten Fähigkeiten zu erfüllen. Ich bin nicht wirklich bereit zu sagen, wir brauchen jetzt Dienstposten für Männer und Dienstposten für Frauen.

Wie sieht Ihr Ausblick für das zweite Jahrzehnt nach Öffnung der Bundeswehr für Frauen aus?

Ich schaue recht positiv in die Zukunft. Bei dem Thema Gleichstellung handelt es sich, wie ich schon betonte, um einen Prozess. Es wird im zweiten Jahrzehnt Selbstverständlichkeiten geben, die bislang noch nicht möglich waren, vor allem im Bereich der Führungspositionen.

Nachtrag: Im November 2009 fanden Neuwahlen für das Amt der Gleichstellungsbeauftragten des Verteidigungsministeriums statt. Neue Gleichstellungsbeauftragte wurde Oberleutnant Mona Stüber.

7

»Lernen kann man alles«

Oberleutnant Jasmin Zenger, Redakteurin bei der Feldzeitung MAZ & More in Prizren, Kosovo

Für das Fliegen in einer Transall gibt es eine goldene Regel: »Setz dich im Sommer ins Heck, denn da ist es schön kühl. Im Winter bevorzuge die Nähe zum Cockpit, da ist es schön warm.« Einmal auf Flughöhe, verwandelt sich die Transportmaschine der Bundeswehr nämlich in einen Eisschrank. Befördert werden mit ihr nicht nur Lasten, sondern auch Soldaten in die Einsatzgebiete. Oder aus ihnen heraus.

Die goldene Regel zu kennen, ist nützlich. Besonders im Winter. Vom Militärflughafen Penzing bei Landsberg am Lech bis nach Priština, der Hauptstadt des Kosovo, fliegt man drei Stunden. Drei Stunden im Eisschrank sind eine lange Zeit.

Vor dem Abflug sagt der Kommandant zudem noch zur Autorin – der einzigen Frau an Bord –, wenn sie auf die Toilette wolle, solle sie Bescheid sagen, das Klo für die Frauen müsse extra ausgefahren werden. Die Autorin denkt sich: Nur über ihre Leiche würde sie in einem mit Männern vollbesetzten Flugzeug so eine Bitte äußern, und bewundert die Soldatinnen, die im Zusammenarbeiten und -sein mit diesen Männern unter widrigen Umständen Schamgrenzen überwinden müssen. Und wohl auch können.

Noch bevor ich Jasmin Zenger treffe, habe ich viel Zeit, mir über die Unwirtlichkeiten von Auslandseinsätzen Gedanken zu machen. Wenn schon der Anflug so wenig kommod ist, dann dürfte der Aufenthalt in einem krisengeschüttelten Land auch nicht gerade kuschelig sein.

Jasmin Zenger steht am Flughafen in Priština und sieht nicht so aus, als fühle sie sich wenig kommod. Ein gewinnendes Lächeln hat sie, und gleich schwärmt sie von der landschaftlichen Schönheit des Kosovo.

Als Zenger ihren Auslandseinsatz bei der KFOR antrat, der Kosovo-Truppe, die nach Ende des Krieges unter Leitung der NATO aufgestellt wurde, war es in ihrem Einsatzort Prizren, der zweitgrößten Stadt des Kosovo, noch angenehm warm. Tagsüber kletterten die Temperaturen auf 30 Grad Celsius, und als die Frau Oberleutnant aus dem Flugzeug stieg und ihr Blick auf die Bergketten fiel, war sie »überrascht, wie schön die Landschaft ist«.

Zenger ist sechsunddreißig Jahre alt, und die Zeit in Prizren ist ihr erster Auslandseinsatz. Irgendwie hatte sie Glück und blieb bislang verschont. Seit vierzehn Jahren ist sie bei der Bundeswehr, da hat manche andere Soldatin schon ihren dritten Einsatz hinter sich. Bei Jasmin Zenger fehlte bislang die Abkömmlichkeit. »Ich bin als Presseoffizier sehr viel unterwegs, da ist es nicht einfach, mal eben für ein paar Monate einen Auslandseinsatz zu machen.«

Vier Monate wird Zenger im KFOR-Feldcamp in Prizren eingesetzt sein. Mit gelegentlichen Ausflügen in die Stadt, ins Umland, Abstechern nach Mazedonien. Kommendes Weihnachten und Silvester wird sie fern der Heimat verbringen. Ob sie Heimweh bekommen wird, weiß sie nicht. Zur Zeit meines Besuches bei ihr lebt sie seit drei Wochen im Feldcamp. Zu kurz, um mehr als einen Eindruck zu haben, lange genug, um zu wissen, dass die restlichen Wochen und Monate sich ziehen können. »Phase eins« nennt man ihren Status im Fachjargon der Soldaten in Auslandseinsätzen. Ein Frischling, der sich noch orientieren muss, der staunend und ein wenig konfus durch das Feldcamp läuft. Phase zwei tritt ein, wenn man noch unter hundert Tage vor sich hat, Phase drei ist für die alten Hasen, die nicht nur wissen, wie es bei der KFOR zugeht, sondern auch durch ihren langen Einsatz mit Land und Leuten vertraut sind. Phase vier sind die Bald-Ausflieger, jene, die anfangen, ihre Möbel und Elektrogeräte, die sie nicht mit zurück in die Heimat nehmen wollen, zu verkaufen.

Zenger kam über den Sanitätsdienst zur Bundeswehr. 1995 war die Öffnung aller Teilbereiche für Frauen noch ein ferner Gedanke. Die Tochter eines Soldaten bei den Fallschirmjägern im Saarland lernte die Bundeswehr schon als Kind kennen. Der Vater nahm sie mit zum »Tag der offenen Tür« und zu Vorführungen seiner Einheit, und Jasmin Zenger fand in solchen Besuchen Abenteuerliches. Das Soldatsein legte der Vater an der Wohnungstür nicht ab. Vieles im Hause Zenger lief nach militärischen Maßstäben ab. Disziplin war die Grundlage der Erziehung, und rückblickend sagt sie, es habe ihr nicht geschadet, sie höchstens manchmal genervt. Die Mutter, »eine ganz liebe Frau«, wirkte ausgleichend.

»Wie, du willst auch noch zur Bundeswehr, hast du nicht dein Leben lang genug militärische Disziplin gehabt?«, fragten damals die Freundinnen. »Eben drum«, erwiderte die Gefragte. »Ich bin es ja schon gewöhnt.«

Die meiste Zeit bei den Streitkräften war Jasmin Zenger bislang auch ohne Auslandseinsatz weit weg von zu Hause. Der Dienst führte sie überallhin, unter anderem zu internationalen Übungen nach Ungarn und Polen, nur in eine heimatnahe Kaserne kam sie bislang nicht. Denn die Bundeswehr hat seltsame Wege. Es gibt Ausbildungen und Verwendungen, Dienststellen und Posten. Im Dienste der Bundeswehr erhalten Soldaten und Soldatinnen neben der militärischen Ausbildung auch eine zivile, lernen also entweder einen Beruf oder studieren. Das ist Teil des Deals: Arbeitskraft und militärischer Einsatz für eine gute Ausbildungsstelle. Oder für ein Studium.

Beides ist nach den Jahren, die sich ein Soldat verpflichtet hat, abgegolten. Dabei richtet sich die Dauer der Verpflichtung nach der Laufbahn. Zeitsoldaten verpflichten sich über die Grundwehrdienstzeit hinaus je nach Laufbahn für vier, sechs, acht, zwölf oder fünfzehn Jahre.

Nachdem Zenger ihre soldatische Ausbildung im Sanitätswesen erhalten hatte, bot man ihr an, eine höhere Laufbahn einzuschlagen: als Offizier des Militärfachlichen Dienstes. An der Fernmeldeschule der Bundeswehr in Feldafing bei München wurde sie zur »Staatlich geprüften technischen Assistentin für Informatik« ausgebildet.

Jasmin Zenger ist eine eher zurückhaltende Frau, ruhig und bescheiden in ihrem Wesen, in allem abwägend und dann entschlossen. Von Computern wusste sie wenig, dennoch sagte sie Ja. »Ich habe mir gedacht, davon habe ich zwar keine Ahnung, aber lernen kann man alles.«

Jenseits allen Über-einen-Kamm-Gescheres sind die meisten Frauen bei der Bundeswehr anders, als man es von Frauen gemeinhin erwartet. Manchmal sehr herb, sehr männlich, manchmal ein wenig exzentrisch, stets recht autark und selbstbewusst, ein wenig verbissen bisweilen, energisch in ihrem Wesen. Zenger ist da eine Ausnahme. Unauffällig auf den ersten Blick, ohne Härte oder Vehemenz. Erst der zweite Blick präsentiert sie als Frau mit einem verschmitzten, aber nie bösen Humor.

Wie sie nach der Ausbildung zur technischen Assistentin für Informatik zum Journalismus kam, ist auch so eine Bundeswehrlaufbahn-Geschichte. Ein Presseoffizier wurde im Sanitätsführungskommando in Koblenz gesucht, Zenger bewarb sich um den Dienstposten, wurde genommen, erhielt eine journalistische Kurzausbildung an der Akademie für Information und Kommunikation im brandenburgischen Strausberg nahe bei Berlin – und war fortan Redakteurin, Fotografin, Layouterin in einem. Rundumjournalismus. Aufstieg in die Riege der journalistischen Edelfedern ist bei den Bundeswehrredakteuren nicht vorgesehen. Zengers vorgesetzter Major nennt es: »Journalismus für Klaus Pustekuchen.« Nicht intellektuell, nicht investigativ, sondern informierend und den soldatischen Bedürfnissen angepasst.

Am Feldlager in Prizren ist das Schönste der Blick auf wellige Bergkämme. Darüber hinaus könnte man sagen, es gibt Schlimmeres, andere Provisorien im üblichen Provisorium. Sich einrichten in einer Momentaufnahme, ist eine schwierige Kunst.

Jasmin Zenger teilt sich ein Zimmer in einem Fertigbauhaus, bei dessen Architektur die Plattenbauentwürfe Pate gestanden haben müssen. Auch im Inneren kein Charme, ein kahles, nach abgestandenen Menschenausdünstungen riechendes Treppenhaus, ein langer Flur mit abgehenden Zimmern in jedem Stock. Gebrauchte Möbel in manchen Treppenaufgängen. Zenger hat Bettwäsche aus der Jugendzeit mitgebracht: Trickfilm-Tarzan. Das mache das Zimmer freundlicher und erinnere an zu Hause, sagt sie. Außerdem könne sie diese anschließend einer Nachfolgerin überlassen. »Irgendeiner wird sich dafür schon finden, wenn ich wieder gehe.«

Die Freizeit, die auch im Kosovo nur »Dienstzeitunterbrechung« heißt, verbringen die Soldaten in den Camp-Kneipen, die bei der Bundeswehr die Bezeichnung »Betreuungseinrichtungen« tragen. Die »Oase« ist der beliebteste Treffpunkt, Currywurst und Pommes gibt es dort täglich im Angebot.

Der einzige Laden im Camp nennt sich »Corner Store« und wirbt mit heißen Waffeln und Kirschen an jedem Samstag für 2,70 Euro. Im Vorbau des Geschäfts nehmen Postbeamte in Uniform die Briefe, die in die Heimat geschickt werden sollen, entgegen. Im Laden selbst kann man den Kinderhasen Felix in einem Koffer kaufen, auch einige Barbiepuppen und Spiele. Ein Angebot für heimwehkranke Soldaten, die Trost darin finden, ihren Kindern Geschenke zu senden. Für die eigenen Kaufbedürfnisse bleiben Zippo-Feuerzeuge mit dem KFOR-Schriftzug, Uhren, Parfums, Kosmetika, Alkohol, Zigaretten, Autozeitschriften und einige Erotikgazetten, die schamhaft unter einem Deckblatt versteckt sind. Frauenzeitschriften liegen nicht aus.

Im Oktober 2009 rückte das 24. Kontingent der deutschen Soldaten im Kosovo ein. 2200 Soldaten sind dort insgesamt stationiert, 130 davon sind Frauen. Ein leichter Einsatz, verglichen mit denen in Djibouti und Afghanistan. Der Kosovo gilt als stabil, seit den Unruhen im März 2004 und denen im Dezember 2008 hat es keine Zwischenfälle mehr gegeben, die schlagzeilenträchtig sind. Im März 2004 eskalierte die Gewalt, als Kosovaren gegen Serben und ihre religiösen Stätten vorgingen, aber auch gegen die Minderheiten Roma und Ashkali. Neunzehn Menschen starben, fast tausend wurden verletzt, und in Priština ging das berühmte Kloster in Flammen auf. Die Dezemberunruhen 2008 wurden durch den Beginn der Eulex-Mission (Rechtsstaatlichkeitsmission der Europäischen Union im Kosovo) eingeleitet, in deren Rahmen 1800 Polizisten die Entwicklung im Kosovo unterstützen sollen. Da diese Polizisten weitreichende, von der kosovarischen Regierung unabhängige Befugnisse hatten, kam es zu Demonstrationen.

Das Jahr 2009 verlief ohne Zwischenfälle. Wenn es überhaupt Nachrichten aus dem Kosovo gab, dann waren das Artikel über die organisierte Kriminalität, über Drogen- und Menschenschmuggel oder die Korruption der Regierung von Hashim Thaçi, dem ersten Ministerpräsidenten der seit Februar 2008 unabhängigen Republik. Fast scheint es so, sagt Zengers Chef, als suche die Presse – nun, da es keine Gewalt mehr gibt – nach neuen schlimmen Nachrichten.

Die NATO-geführte multinationale Friedenstruppe KFOR beschützt ein Land, welches seit 2008 zwar unabhängig ist, dessen Status jedoch weiterhin umstritten bleibt. Zweiundsechzig Staaten, darunter zweiundzwanzig EU-Länder (einschließlich Deutschland) sowie die USA, haben die Unabhängigkeit bislang anerkannt. Zu jenen, die das Kosovo weiterhin als serbische Republik betrachten, gehören Serbien selbst und Russland.

Insgesamt befinden sich in den KFOR-Truppen rund 13 000 Soldaten aus zweiunddreißig Nationen im Einsatz. Sie sind unterteilt in fünf multinationale Brigaden. Das Hauptquartier der Deutschen ist Prizren.

Ob es in den kommenden Jahren so ruhig bleiben wird wie zurzeit, sagt Zengers Chef, hänge von der weiteren Entwicklung des Kosovo ab. Die Jugend schaue nach Europa, dürfe dahin aber nicht reisen, weil Kosovaren im Gegensatz zu den Serben oder Mazedoniern keine Visa erhalten. Deshalb wollen die jungen Leute auch so schnell wie möglich in die EU. Ein Schritt, der, wenn man ihren Gesprächen lauscht, nur noch ein kleiner sei. Jasmin Zenger hört den Ausführungen und Erzählungen ihres Chefs über seine Zeit in Bosnien und die ersten KFOR-Jahre im Kosovo, über den Fall von Sarajevo und die Gewalt in Prizren meist still zu. Die Erfahrungen, die er ihr voraus hat, wird sie kaum noch aufholen können. Und wollen. Sie habe, sagt sie, schon als sie zur Bundeswehr ging, über die Gefahren eines Auslandseinsatzes nachgedacht. Aber rückblickend habe sie nicht wirklich verstanden, worauf sie sich damals einließ.

Nördlich des Dorfes Suva Reka, an der Straße zwischen Prizren und Priština, steht linksseitig des Weges auf einer Hügelkuppe ein Gedenkstein. Er wurde errichtet für die beiden *stern*-Reporter Gabriel Grüner und Volker Krämer sowie ihren Dolmetscher Senol Alit. Man hat die drei am 13. Juni 1999 ermordet. Krämer und Alit waren sofort tot, Grüner starb ein paar Stunden später im britischen Militärhospital. Ihr Mörder war ein russischer Freischärler.

Jemand hat den Gedenkstein mit Plastikrosen geschmückt. Unter dem Todesdatum steht ein Vers von Bertolt Brecht: »Der Regen fällt nicht wieder nach oben. / Wenn die Wunde nicht mehr schmerzt, schmerzt die Narbe.«

Ein friedlicher Ort ist dies heute. Als Alit, Grüner und Krämer dort ihren Tod fanden, war der Kosovo-Krieg eigentlich bereits beendet. Doch im rechtsfreien Zeitfenster eines noch nicht eingeführten Friedens töteten gedungene Soldaten, Kriminelle und alle, die noch ihr Mütchen kühlen wollten, weiter. Auch die anfangs vom Westen glorifizierte Kosovo-Befreiungsarmee UÇK nutzte die Endkriegswirren für Rache.

Dass manche Tat ungesühnt blieb, die ethnischen Antipathien der Serben gegen die Kosovaren, der Kosovaren gegen die Roma, die Ashkali bestehen bleiben, zudem die Tradition der Blutrache dem Kosovo nicht fremd ist, lässt, bei aller durchaus berechtigten Hoffnung für einen dauerhaften Frieden im Kosovo, die Vermutung zu, die Anwesenheit der KFOR sei eine notwendige Mission für die Sicherheit und Stabilität. Angesichts der Armut und der sozialen Probleme des Kosovo lässt sich am Gedenkstein der getöteten Reporter und ihres Dolmetschers gut sinnieren, ob manches hier noch unter der Oberfläche gärt und auch wieder zum Vorschein kommen kann.

So, wie es aussieht – gut eineinhalb Jahre nach der Unabhängigkeit des Kosovo –, wird Jasmin Zenger nicht unter Gefahr für ihr Leben berichten müssen. Doch wenn, ist sie zumindest bewaffnet. Sie trägt um den rechten Oberschenkel eine Pistole, die mit einem Halfter über dem Hosenbein befestigt ist. Wenn sie das Camp verlässt, ist diese im geladenen Zustand; kommt sie zurück oder betritt den Flughafen von Prizren, muss sie die Waffe entladen. Nur wenige Sekunden, sagt sie, bräuchte sie, um die Pistole aus dem Halfter zu ziehen, die Munition in den Lauf zu schieben und zu schießen. Sie wisse, dass sie im Ernstfall schnell und entschlossen handeln wird. Auch hier, im Feldlager, muss sie regelmäßige Schießübungen machen. Im Vorfeld des Einsatzes hatte sie zudem Unterricht im »Fahren im Einsatzland« und im »Fahren im schwierigen Gelände« erhalten.

MAZ & More, »die Nummer eins auf dem Balkan«, wie es in der Eigenwerbung heißt, ist Zengers neuer Arbeitsplatz in Prizren. Eine Feldzeitung mit einer Auflage von fünftausend Exemplaren, die überall dort verteilt werden, wo deutsche Soldaten auf dem Balkan sind. Die Hälfte der Auflage aber geht nach Deutschland. Für jeden Bundestagsabgeordneten eine Ausgabe, außerdem liegen weitere im Familienbetreuungsbüro und auf den Militärflughäfen, »*MAZ*« steht für Mazedonien, das »*More*« erklärt sich selbst. Jasmin Zenger trägt unter ihrem Namensschild das *MAZ-&-More*-Schild, um für die Soldaten im Camp erkennbar und damit ansprechbar zu sein. »Eigentlich kommt täglich jemand und sagt: ›Ach, darüber müsst ihr mal berichten.‹ Oder meint: ›Das wäre doch eine Geschichte ...‹«

MAZ & More ist eine Wochenzeitung mit zwölf Seiten. Die Artikel drehen sich um Übungen und Besuche, um Alltägliches im Camp und draußen im Lande. Selten hat Jasmin Zenger es mit unvorhergesehenen Nachrichten wie im September 2009 zu tun, als 273 Minen entdeckt wurden. Ein anonymer Anrufer hatte den Fund gemeldet. Die Feldjäger benachrichtigten die Einheit für die Beseitigung explosiver Stoffe, und diese rückte zum Einsatz aus. Eine Geschichte, die in der Redaktion von *MAZ & More* für Stress sorgte. Denn die aktuelle Ausgabe war schon im Druck, notgedrungen verschob man den Artikel über den Minenfund auf eine Woche später.

Äußerlich unterscheidet sich ihr Arbeitsplatz nicht sehr von dem in jeder x-beliebigen Redaktion. Hier gibt es mit ihr zwei Vollzeitredakteure, einen Halbzeitredakteur und einen Layouter, sie gestalten und beschreiben das Blatt. Nur ein wenig mehr Zensur, als es die deutsche Pressefreiheit hergibt, muss sich *MAZ & More* gefallen lassen. Herausgeber der Zeitung ist der Kommandeur. Ihm werden die Seiten vorgelegt, bevor sie veröffentlicht werden. Er hat das letzte Wort und darf entscheiden, ob eine Berichterstattung dem reibungslosen militärischen Ablauf schadet oder einen der Soldaten in Misskredit bringt. Das klingt ein wenig, als dürfe die Bundeskanzlerin beschließen, ob die Berichterstattung der Medien ihren politischen Zielen schade.

»*MAZ & More*«, sagt Zengers Chef, »hat andere Ziele als eine normale Wochenzeitung. Sie ist so etwas wie unsere Unternehmenskommunikation. Zum einen bietet sie Truppeninformationen für neu in der KFOR-Truppe eingetroffene Soldaten, zum anderen ist sie eine Art Führungsmittel, weil wir damit auch eine Plattform für den Kommandeur haben.«

Die letzte Seite der Zeitung ist den Grüßen der Angehörigen aus Deutschland vorbehalten. »Hallo, mein lieber Schatz Basti, ich und unser Baby vermissen Dich ganz doll und freuen uns schon total darauf, dass Du bald nach Hause kommst.« Oder man findet dort dieses Zeugnis gezählter Tage: »Hey, mein Schatz, nun sind es nur noch zwei Wochen, und dann haben wir es endlich geschafft.«

Schwierig, sagt Zengers Chef, werde es immer um Weihnachten und Silvester, wenn die Heimweh- und Melancholiequote nach oben gehe. »Da ist man als Vorgesetzter besonders gefordert.«

»Ach was«, meint Jasmin Zenger, »Weihnachten und Silvester, das sind doch nur ein paar Tage, die gehen schon rum.«

Auch wenn sie wenig Freizeit habe – »ein Soldat ist immer im Dienst, im Einsatz ist jeder Tag ein Mittwoch« –, so gebe es dennoch Möglichkeiten, das Land zu erkunden: über Fahrten mit dem sogenannten Betreuungsbüro, eine Art bildendes Freizeit- und Reiseunternehmen für Bundeswehrsoldaten. Zum Amselfeld zum Beispiel, wo sich die Türken 1389 mit den Serben eine der blutigsten Schlachten des Balkans lieferten, und 1448 während einer zweiten Schlacht erneut siegten, damals über die Ungarn.

8

»Ich mache mir als Mutter mehr Sorgen, ob alles gut geht«

Stabsarzt Franziska Teske, Zahnärztin, Luftwaffenkaserne Plön

Von Franziska Teske sieht man zuerst die Beine. Darauf stakst sie herum wie eine junge Antilope. Scheu dazu der Blick. T-Shirt, enge Jeans, blonde Haare, grüne Augen. Man würde sie für vieles halten, für eine Soldatin nicht. Warum nicht? Weil sie zu weiblich ist, zu sanft, das repräsentiert, was man beim Militär nicht gebrauchen kann? Das Stille, Schüchterne, Zögerliche?

Die achtundzwanzigjährige Franziska Teske ist Soldatin im Sanitätsdienst der Bundeswehr, stationiert in einer Heereskaserne. Ihre Aufgabe bei der Bundeswehr: Zähne ziehen, Karies verhindern, Plomben einsetzen. Ihr Alltag, sagt sie, unterscheide sich kaum von dem ziviler Zahnärzte. Also überfüllte Wartezimmer, schnell von Patient zu Patient eilende Ärzte, unzureichende Behandlung aufgrund leerer Kassen?

Na ja, sagt Teske vorsichtig, auch das Gesundheitssystem innerhalb der Bundeswehr sei von Sparmaßnahmen betroffen, manche der Geräte alt. Doch insgesamt sei man bei der Bundeswehr besser ausgestattet als in vielen zivilen Praxen.

Franziska Teske treffe ich in ihrem neuen Heimatort Preetz. Es ist Sommer, und die Holsteinische Schweiz, in der die Kleinstadt liegt, sieht bei der Durchfahrt idyllisch aus, auf einigen Feldern stehen noch die letzten gelben Tupfer fast verblühten Rapses. Die Landeshauptstadt Kiel ist nicht weit, auch die Ostsee ist nah, die Seen, die diese Landschaft durchziehen, sind es sowieso. Schön ist es dort, schöner als an vielen anderen Standorten, an denen die Bundeswehr Kasernen unterhält.

Teske war mir von ihrem zuständigen Presseoffizier als Soldatin und Mutter angekündigt worden, und es klang, als träfe ich eine, die soldatischen Beruf und Kind prima miteinander verbindet. Denn die Diskussion über Vereinbarkeit von Beruf und Familie wird auch innerhalb der Bundeswehr geführt, je mehr Soldatinnen Mütter werden, umso intensiver.

Auch für Frauen bei der Bundeswehr ist die Doppelrolle noch ein wenig härter als in der zivilen Welt. Sie arbeiten in einer von männlichen Vorstellungen und Zielen dominierten Umgebung, in der die Rücksicht auf familiäre Belange kleiner ausfällt als »draußen«, wo sich ein großer Konzern den gesellschaftlichen Veränderungen anpassen muss. Hinzu kommt ein früher Dienstantritt – Soldaten beginnen ihren Arbeitstag um sieben Uhr morgens –, Lehrgänge an den Wochenenden, Versetzungen. Gerade Letzteres war schon immer eine Belastung für Soldatenfamilien, selbst als Männer mit Frau und Kindern im Schlepp von Kaserne zu Kaserne zogen.

Franziska Teske jedenfalls sieht immer zu wenig von ihrem Kind. Hat immer ein schlechtes Gewissen, hinkt immer der Zeit hinterher, die sie haben müsste, um ihm gerecht zu werden. Eine emotionale Schieflage, die sie mit vielen arbeitenden Frauen teilt. Anderen Frauen steht als Lösung des Dilemmas vielfach der Ausstieg aus dem Berufsleben zur Auswahl, das ist vielleicht nicht die beste Alternative für die eigene Zufriedenheit oder auch für die Karriereplanung, aber immerhin eine, die Seelenfrieden aufkommen lässt. Franziska Teske hat diese Möglichkeit nicht. Ihre »Schulden« bei der Bundeswehr belaufen sich auf 100 000 Euro – die Kosten für ihr Studium –, und unterschrieben ist bei der Bundeswehr nun mal unterschrieben. Sie könnte sich allerdings für drei Jahre in die Elternzeit verabschieden. Diese drei Jahre aber müsste sie an die zwölf Jahre, die sie sich bei der Bundeswehr verpflichtet hat, dranhängen. Doch Teske will eine eigene Zahnarztpraxis gründen, möchte sich auf Kinderzahnheilkunde spezialisieren. Nimmt sie sich die Elternzeit, ist sie bei ihrer Entlassung aus der Bundeswehr sechsunddreißig Jahre. Zu alt, um neu zu beginnen, findet sie. Ein halbes Jahr nach der Geburt von Tochter Sirii ist sie daher wieder im Job.

Im Rahmen eines Pilotprojekts werden zurzeit an sechsunddreißig Bundeswehrstandorten Eltern-Kind-Arbeitszimmer eingerichtet, die an maximal zwanzig Tagen im Monat von den Angehörigen des Standorts in Anspruch genommen werden dürfen. Bleiben also noch immer zehn oder gar elf Tage, in denen eine externe Betreuung organisiert werden muss. Dafür, dass Frauen bei der Bundeswehr als »nachwuchspolitische Zielgruppe«[8] gehandelt werden, sind das ein paar Tage zu viel. Betreuung zu organisieren mag ein lösbares Problem in Großstädten sein, Kasernen aber liegen oft in strukturschwachen Gebieten.

Die Selbstdarstellung der Bundeswehr als moderner

und familienorientierter Arbeitgeber ist den Schwierigkeiten zum Trotz recht forsch: Auf den Webseiten ist zum Thema Familienbetreuung viel von »Bedarfsermittlung« und »dienstgerechtem Betreuungsangebot« die Rede, von »*Work-Life-Balance*« und einem »familienverträglichen Lebenskonzept«. Doch 4,47 Prozent aller Soldatinnen bei der Bundeswehr bereuen ihre Entscheidung und würden, wenn es denn einen Weg gäbe, ihre Dienstzeit vor Ablauf beenden.[9] Einer der Gründe für den weiblichen »Ausstiegswillen« ist die unzureichende Berücksichtigung familiärer Belange durch den direkten Vorgesetzten. Soldatinnen sind mit der Rücksicht von Vorgesetzten weniger zufrieden als ihre männlichen Kollegen. »Kinder verschärfen die Vereinbarkeitsproblematik«, heißt es in einer Studie des Sozialwissenschaftlichen Instituts der Bundeswehr.[10] Über das Verhältnis der Bundeswehr zur Mutterrolle ihrer Soldatinnen stehen in dieser Studie viele Sätze, werden Zahlen, Vergleiche und Prozente bemüht, in Interviews mit Soldatinnen Aussagen gesammelt. Keine dieser Zahlen beantwortet die Frage, warum die Bundeswehr erst fast ein Jahrzehnt nach Eintritt der Frauen auf das »Kinderproblem« reagiert, fast so, als habe man geglaubt, eine Soldatin bekomme keine Kinder. »In diesem Bereich (der Vereinbarkeit von Familie und Beruf, Anm. d. Autorin) wird es besonderer Anstrengungen bedürfen, um die Bundeswehr mittelbar wie unmittelbar zu einem attraktiven Arbeitgeber zu machen – etwa durch den Einsatz von Instrumenten wie Arbeitszeitflexibilisierung, Stellenkompensationspool für Ausfallzeiten durch Schwangerschaft und Erziehungsurlaub und Familie und Kinderbetreuung.«[11]

Als Franziska Teske sich in der zwölften Klasse entschied, nach dem Abitur zur Bundeswehr zu gehen, waren die Reaktionen verhalten bis negativ. Die Schulfreundinnen rümpften die Nase. Teske kommt aus Leipzig, im Jahr 2001 war die Arbeitsmarktsituation dort nicht rosig, aber dass sie sich eine Uniform anzieht und eine Waffe umhängt, stieß auf wenig Verständnis: »Von außen hat man nicht das richtige Bild. Die anderen wissen nicht, was ich mache.« Die Bundeswehr, das passe nicht zu ihr, sagen ihr heute noch Freunde.

Sie will Zahnärztin werden, seit sie zehn Jahre alt ist, einen besonderen Anlass für diesen Wunsch hat es nicht gegeben. Er war einfach da. Später, als sie erwachsen wird, hat sie Bedenken, der Alltag könne bei diesem Beruf langweilig werden. Teske bewegt sich gern, hat schon immer viel Sport gemacht: Judo, Schwimmen, Leichtathletik. »Nur Studium, nur Job, das schien mir damals zu wenig.« Die Bundeswehr und ihre militärische Seite, die Übungen, Lehrgänge, das Sportprogramm, all das klang nach einer guten Alternative zu einem zivilen Beruf.

Mit entsprechendem Elan beginnt Teske ihre Laufbahn. In der Grundausbildung entwickelt sie ein großes Interesse für Waffen. Der Umgang damit, die Konzentration, die Präzision, die Schnelligkeit im Zusammenbau, das hat ihr gefallen. Wie ihr, so schildert sie es, überhaupt die ganze Ausbildung Spaß gemacht habe. Anders als manche ihrer Kameradinnen beklagt sie sich nicht über die »raue« Anfangszeit. Man habe sie stets anständig behandelt, der Umgangston bei der Bundeswehr sei freundlich, die Ausbilder ebenfalls. »Die haben vielleicht Angst, dass sie uns wiedertreffen. Wir Offiziere steigen ja so schnell auf, und eines Tages stehen wir ihnen als Vorgesetzte gegenüber.«

Franziska Teske hatte vieles geplant. Dass sie im Prüfungssemester ihres Studiums schwanger wird, jedoch nicht. Das Zahnmedizinstudium beendet sie noch, anschließend wird sie nach Heide in Schleswig-Holstein versetzt. Weil sie bereits hochschwanger ist, darf sie ihrer ärztlichen Tätigkeit nicht nachgehen, erledigt nur noch administrative Aufgaben. Dann wird Sirii geboren, die Tochter. Teskes Mann arbeitet bei der Bundesagentur für Arbeit und erhält einen Posten im nahen Hohenweststedt. So weit war alles gut. Als sie nach der Zeit in Heide ins 113 Kilometer entfernte Lütjenburg wechseln muss, findet ihr Mann eine Anstellung in Kiel. Das Paar zieht nach Preetz. Von dort sind beide jeweils eine knappe halbe Stunde zu ihrem Arbeitsplatz unterwegs. Doch der Umzug ist wieder ein Neubeginn. Sie kennen keine Menschenseele in ihrer näheren Umgebung, und Großeltern, die für Sirii einspringen könnten, sind weit weg.

Hört man Franziska Teske zu, schaudert man ein wenig. Nicht, dass sie schlecht über ihren Arbeitgeber spricht, auch ihr Job macht ihr Spaß. Dennoch entsteht zwischen den Zeilen der Eindruck einer Gefangenschaft, und manchmal denkt man, da sitzt eine, die sich noch sehr jung für einen Weg entschied, dessen Konsequenzen sie nicht überschauen konnte. Den man ihr schönmalte, damals, als sie in Köln in der Offiziersprüfungszentrale saß und man ihr die wunderbare Laufbahn beschrieb, die ihr bevorstand. Von der Vereinbarkeit von Familie und Beruf war da nicht die Rede, und auch nicht davon, dass Kindergärten irgendwo in der deutschen Pampa nicht mit dem Dienstbeginn einer Soldatin kompatibel sind, nicht schon um sechs Uhr dreißig ihre Tore öffnen. Oder eine Tagesmutterbetreuung viel Geld verschlingt. Dass auch eine Soldatin, egal wie tapfer sie die Grundausbildung durchsteht, eben doch eine Frau ist, die als Preis für ein Kind mit einem immerwährenden schlechten Gewissen zahlt.

»Ich hab ja nicht damit gerechnet, dass ich so früh in meiner Laufbahn ein Kind bekomme«, sagt Franziska Teske, und es klingt müde.

So also traf ich in ihr keine, die von einer gelungenen Symbiose zwischen Soldatsein und Muttersein erzählt. Eher vom Gegenteil: Was, wenn das Kind krank ist? Wenn es zur Schule kommt? Sechs Wochen Sommerferien – sie weiß nicht, wie sie die überbrücken soll.

Sie erwartet Verständnis von ihren Vorgesetzten. Ein- oder zweimal hat sie die Tochter schon mit zur Arbeit genommen, weil es nicht anders ging. In Heide gab es eine Tageskrippe, deren Öffnungszeiten mit ihren Arbeitszeiten übereinstimmten, in Preetz existiert so eine Einrichtung für Kinder im Alter von Sirii nicht. Und was soll werden, wenn sie einen Auslandseinsatz mitmachen muss? Damals, beim Einstellungstest, hat sie gedacht: Klar, so ein paar Monate im Krisengebiet, kein Problem. Heute ist die Gefahr, in die sie sich begibt, größer geworden, ist manches Krisengebiet ein Kriegsgebiet – und Sirii noch viel zu jung, um ohne die Mutter zu leben. »Natürlich stelle ich mich meiner Verantwortung, wenn man mich zu einem Einsatz im Ausland schickt. Aber ich mache mir heute als Mutter mehr Gedanken und würde mich mehr sorgen, ob alles gut geht.«

Zweifelsohne entspricht die Entsendung von Frauen in gefährliche Auslandseinsätze dem Gleichstellungsprinzip. Theoretisch. Was aber, wenn diese Frauen auch Mütter sind? Die Bundeswehr hat dazu eine Dienstvorschrift, wie eben für alles: »Der Status ›Mutter‹ sowie das Alter der Kinder stellen grundsätzlich kein Ausschlusskriterium für einen ›Auslandseinsatz‹ dar. Soldatinnen mit Kindern werden grundsätzlich bei den Planungen für Einsatzgestellungen mit berücksichtigt. Die Entsendungen erfolgen im Rahmen von Einzelfallentscheidungen. Auch das Alter der Kinder wird bei der Entscheidung angemessen berücksichtigt. Das bedeutet konkret z. B. für die Marine, dass in Abhängigkeit der persönlichen/familiären Situation der Kommandeur/Kommandant in Abstimmung mit der jeweiligen Mutter über die Teilnahme an einem Auslandseinsatz entscheidet ... Der Kommandant eines Schiffes ist im Übrigen über die persönliche/familiäre Situation eines jeden Besatzungsmitgliedes informiert, sodass sämtliche Entscheidungen mit Augenmaß und unter Berücksichtigung des sozialen Umfeldes/der sozialen Umstände getroffen werden.«

Für die Bundeswehr geht es bei der Vereinbarkeitsfrage zudem um deutlich mehr als nur um die Zufriedenheit ihrer Soldaten. Unter dem Aspekt der Nachwuchsgewinnung bei gleichzeitiger Verschiebung demografischer Kategorien ist es dringend erforderlich, Frauen in größerer Zahl zu gewinnen, und zwar vor allem in der großen Gruppe derjenigen, die einen »durchschnittlichen« Lebensentwurf haben, die in der Bundeswehr nichts anderes als einen sicheren Arbeitgeber sehen. Um diese Frauen zu gewinnen, muss der militärische, soldatische Aspekt zumindest in der Wahrnehmung nach hinten treten und der persönliche hervorgehoben werden. Eine Frau, die Kinder bekommen möchte, wird sich kaum von Vaterland, Ehre und Stolz, von Kampfesgeist und Mannesmut locken lassen, sondern eher von Stabilität für ihren Berufsweg. Bei einer Unvereinbarkeit von Familie und Arbeitsalltag leidet zudem, so die Befürchtung der Bundeswehr, die Einsatzbereitschaft der Soldaten. »Die gesellschaftlichen Entwicklungen und die hohen Belastungen – ich nenne an dieser Stelle insbesondere die Stichworte ›Einsätze‹ und ›Transformation‹ – wirken nachhaltig auf die Angehörigen der Bundeswehr und deren Familien«, sagte in einem Interview Thomas Kossendey, Parlamentarischer Staatssekretär beim Bundesminister der Verteidigung. »Es ist daher nicht zuletzt Ausdruck der Fürsorge des Dienstherrn, die Rahmenbedingungen so zu setzen, dass berechtigte Interessen des Einzelnen angemessen berücksichtigt werden ... Aber auch hinsichtlich der Attraktivität als Arbeitgeber ist der eingeschlagene Weg, Familie und Dienst besser in Einklang zu bringen, ohne Alternative. Nicht nur die Nachwuchsgewinnung, sondern auch die Mitarbeiterbindung sind für die Zukunftsfähigkeit der Bundeswehr entscheidend.«[12]

Sirii ist jetzt zwanzig Monate alt. Wenn Franziska Teske morgens aus dem Haus geht, schläft das Kind noch. Wenn sie nach Dienst und Fahrtzeit wieder in Preetz ankommt, ist der Tag vorbei. Die Mediziner, sagt sie, laufen der Bundeswehr davon, bevorzugen Stellen im zivilen Leben. Es fehle an Ärzten. An Freitagnachmittagen und Samstagen fährt sie häufig zu Fortbildungen. »Mit der Lebenssituation, die wir als Familie jetzt haben, hätte ich mich wohl nicht für die Bundeswehr entschieden«, sagt Franziska Teske.

9

»Wenn ich meine Uniform anhabe, dann leuchten meine Augen«

Meryem Özsu, Unteroffizier beim Transporthubschrauberregiment 30 der Heeresflieger, Niederstetten

Den Treffpunkt hatte Meryem Özsu bestimmt: »Auf dem Stuttgarter Hauptbahnhof, vor McDonald's.« Sie ist die einzige andere Wartende vor dieser Fast-Food-Filiale. Doch weil sie fast noch wie ein Kind aussieht, spreche ich sie erst nicht an. Die Frau, auf die ich warte, ist dreiundzwanzig Jahre und hat sich schließlich gerade für die Feldwebellaufbahn beworben. Dieses junge Mädchen mit den großen Augen und einem durch keine Schminke geschützten Gesicht, das auch ohne jegliche Vorbehalte zu sein scheint, passt nicht in mein gemachtes Bild.

Sie möchte, bevor sie mit dem Interview beginnt, mir gern noch ein wenig von Stuttgart zeigen, zumindest die Einkaufsstraße und das Alte Schloss, damit meine Reise aus dem Norden Deutschlands nicht ohne einen Eindruck der Stadt sei.

Ihre kurzen Haare, dunkel und von blonden Strähnen durchzogen, laufen auf der Stirn zu einer Tolle zusammen. Gesichtszüge und Stimme sind weich, höflich formuliert die Sätze, fürsorglich ihre Fragen. Gleich ist man von ihr eingenommen, gerührt über diese Unschuld und Freundlichkeit, die sie verbreitet. Und über das leichte Zwinkern in ihren Augen. Es wirkt so, als fixiere sie ihre Umwelt immer und immer wieder, bis endlich das richtige Bild erscheint.

Meryem Özsu sorgte für viele Empörungen, als sie sich für eine Bewerbung bei der Bundeswehr entschloss. Die Hölle werde es sein, prognostizierten die deutschen Freunde. Eine Frau, das möge ja noch angehen. Aber dazu eine Ausländerin? Eine Muslimin?

Das waren noch die freundlichsten Bedenken. Die schlimmeren waren jene, die aus türkischen Kreisen stammten. Man unterstellte ihr Illoyalität gegenüber ihrer Herkunft. Ob sie vergessen habe, wo sie herkomme, ihre Wurzeln verleugnen wolle, ob sie so tun wolle, als sei sie nur deutsch und nicht auch noch türkisch? Und wieso wolle sie überhaupt Deutsche und deutsche Interessen verteidigen, sie, die andere Loyalitäten haben sollte? Die Unterstellung der Illoyalität tat weh.

Geboren wurde Meryem Özsu in der Stadt Yozgat in Anatolien, zwei Stunden Autofahrt von Ankara entfernt. Als sie drei Jahre alt ist, geht die Mutter mit ihr nach Deutschland, wo der Vater bereits lebt. Özsus Eltern kennen sich seit der Jugendzeit, waren einander schon lange versprochen. Sechzehn Jahre alt war der Vater, als er im September 1984 erstmals nach Deutschland fuhr, von seinen Eltern geschickt. Es war die Zeit der »Gastarbeiter«, und die Zeit der großen Hoffnungen auf viel Geld, das sich im Bergwerk, in den Fischereihäfen oder bei der Müllabfuhr verdienen ließ. Geld, mit dem die erste Generation der türkischen Arbeitsemigranten noch zurückkehren wollte in die Türkei, um dort ein Haus zu bauen und jemand zu sein im Dorf. Die meisten gingen nie zurück, auch Meryem Özsus Vater nicht. Er blieb und ermahnte seine Kinder zu Achtung und Dankbarkeit für diese Heimat, die seine nicht war, die aber die seiner Nachkommen werden sollte. Eigentlich wollte er Geschichtslehrer werden, doch dann durfte er die Schule nicht beenden, sondern musste sich in Deutschland eine Arbeit suchen. Er fand sie in der Fertigungsabteilung eines großen Elektrokonzerns. Fließbandarbeit statt Schülern Epochen beizubringen, das Leben eines einfachen Malochers statt das eines geachteten Lehrers. Der nicht erfüllte Traum eines angesehenen Berufs, sowohl in der Türkei wie auch in der Bundesrepublik, er bleibt die Wunde dieses Mannes, die erst an seinen Kindern geschlossen werden soll. »Mein Vater ist sehr gebildet, dass so etwas sehr wichtig ist, hat er an uns weitergegeben«, sagt Meryem Özsu.

Von ihrem Vater lernte sie, dass es besser ist, Dinge zu erklären, als wütend zu werden. In ihren Erzählungen ist ihr Vater einer, der nie Gewalt anwendete oder laut wurde, sondern sich zu ihr hinsetzte und erläuterte, warum es gewisse Regeln und Normen gibt. »Wenn er mich für etwas gestraft hätte, dann hätte er das allein als Reaktion für meine Tat gesehen. Aber in seinen Augen hätte ich dadurch kein wirkliches Verständnis für diese entwickelt. Er war davon überzeugt, wenn er es mir erklären würde und ich es verstehe, dann würde ich es nicht wieder tun.«

Also erklärte die künftige Soldatin ihren empörten Freunden: »Wenn ich eine Flasche mit vielen Inhaltsstoffen habe, mit Wasser und Sirup und Farbstoffen, und jemand bohrt von außen ein Loch in die Flasche, dann fließt nicht nur ein Stoff heraus, sondern alles. Für mich ist Deutschland diese Flasche. Ich lebe hier, und ich will dazu beitragen, sie zu schützen.« Viele, sagt sie, konnten das nicht akzeptieren. »Für diese Freunde war dann kein Platz mehr in meinem Leben.«

Wenn Meryem Özsu von ihrem Weg zur Bundeswehr und ihrem Enthusiasmus für ihren Soldatenberuf erzählt, klingt es wie die Geschichte eines toughen Mädchens, das hinter seinen Träumen her war wie der Teufel hinter der Großmutter. Eine Unbeirrbare, die einstecken kann, wenn es sein muss. Es ist aber auch die Erzählung einer Dankbarkeit gegenüber einem Staat, die zu zeigen ihr Vater sie gelehrt hatte. Verbunden mit dem Gefühl, in einer Schuld zu stehen. »Deutschland ist meine zweite Heimat. Und mein Vater hat immer gesagt, wir sollen dazu beitragen, dieses Land weiterzubringen.«

Da spricht ein Mädchen, das Behütung durch seine Familie erfuhr und in der Folge den Wunsch entwickelte, selbst zu behüten: »Ich habe das Bedürfnis, alles was mir angehört, was zu mir gehört, zu schützen.«

Dabei war die Bundeswehr zunächst gar nicht ihr Ziel. Seit dem Kindergarten wollte sie zur Polizei. Nach dem Hauptschulabschluss besuchte sie die Realschule und kämpfte sich, stets ihr Ziel vor Augen, nach vorn. Eine Eins in Mathe, eine Zwei in allen anderen Fächern. Dann aber hatte sie beim Einstellungstest der Polizei einen halben Fehler zu viel im Diktat und erreichte damit nicht die erforderliche Punktzahl. Die Ablehnung erwischte sie kalt. »Ich hatte keinen Plan B. Es gab immer nur dieses eine Ziel. Es war schlimmer als ein Weltuntergang. Über Wochen aß ich kaum etwas, weinte nur und verließ mein Zimmer nicht mehr.« Vergebens versuchen die

Eltern zu trösten: Wer weiß, wozu es gut ist. Fünf Jahre, hatte man ihr bei der Polizei gesagt, müsse sie warten, dann könne sie sich erneut bewerben.

Die guten Noten ermöglichten es ihr, aufs Gymnasium zu gehen. Als sie in der zwölften Klasse war, besuchte ein Offizier die Schule und warb für den Soldatenberuf. Meryem war wie elektrisiert. Da war der Plan B, eine neue Chance, ihrem Heimatland zu dienen. Trotzdem zögerte sie, hatte Angst, noch einmal zu scheitern, wieder abgelehnt zu werden. »Dass die bei der Polizei mir wegen eines halben Fehlers die Tür vor der Nase zugeschlagen hatten, führte natürlich dazu, dass ich so etwas nicht noch einmal erleben wollte.«

Trotzdem: Nach einigem Bedenken bewarb sie sich für die Unteroffizierslaufbahn bei der Bundeswehr und bestand die Tests. Im Frühjahr 2008, kurz vor Ende der zwölften Klasse, erhielt sie die Nachricht, sie möge sich zur Grundausbildung einfinden. Die Schwestern und die Mutter waren entsetzt, als sie deswegen die Schule abbrechen wollte – ein Jahr vor dem Abitur. Der Vater sagte: »Wenn es dein Traum ist, dann verfolge ihn.« Am 1. Juli fand sie sich in der Bundeswehrkaserne im hessischen Fritzlar ein, vier Stunden vom heimischen Schorndorf bei Stuttgart entfernt.

Kaum gestartet, holte sie die raue Wirklichkeit ein. Die dreimonatige Grundausbildung wurde zum »Härtesten, was ich je gemacht habe«. Nachts, in den wenigen Stunden, die zum Schlaf blieben, lag sie wach und hatte Heimweh. Dachte an die Eltern, an die Fürsorge und Liebe der Mutter, die ruhige Art des Vaters. Das Bett war hart, es gab ihrer Meinung nach immer zu wenig zu essen. »Da habe ich zu schätzen gelernt, was es heißt, eine bequeme Matratze zu haben, einen gedeckten Tisch und eine Mutter, die für einen sorgt.«

Auch körperlich ging es ihr nicht gut. Seit ihrem sechzehnten Lebensjahr machte sie Kickboxen, sie hatte sich für fit gehalten. Aber die langen Märsche mit Gepäck brachten sie an den Rand der Kräfte. »Wenn man denkt, es geht gar nicht mehr, muss man trotzdem noch zwei weitere Stunden laufen, das war ziemlich schrecklich.« Auf das Fasten verzichtete sie in jener Zeit – es war gerade Ramadan –, sonst wäre sie zusammengebrochen. Auch das fünfmalige Beten fiel aus, Meryem betete nur noch abends, zu mehr reichte es nicht.

Am schlimmsten aber waren der Befehlston und die geforderte Unterordnung. »Ich war als Jugendliche ziemlich wild, war es gewöhnt, meinen Kopf durchzusetzen. Mich von einem Tag auf den anderen ständig fügen zu müssen, das habe ich fast nicht ertragen, das verursachte regelrecht psychische Schmerzen.« An der Notwendigkeit dieser Grundausbildung zweifelt sie heute dennoch nicht. »Das muss sein. Jeder kommt mit anderen Vorstellungen von Disziplin zur Bundeswehr, nach der Grundausbildung haben alle dasselbe Level.«

Zum Gelöbnis erschien ihre ganze Familie. Meryem hatte sieben Kilo abgenommen, die Mutter weinte, weil sie dachte, wenn die Tochter jetzt schon so geschunden aussieht, wie soll das erst noch in der Zukunft werden. »Meine Mama machte sich schon immer so viele Sorgen um mich, aber seit ich Soldatin bin, hat sie geradezu Angst.«

Nach der Grundausbildung wurde alles besser. Meryem Özsu kam nach Niederstetten in Baden-Württemberg, ins Transporthubschrauberregiment 30. Sie bekam

Manuela Chardon, Hauptbootsmann,
Überwasseroperator beim Marinefliegergeschwader 3 in Nordholz

Katrin Brandt, Oberleutnant
beim ABC-Abwehrregiment in Bruchsal

Jasmin Zenger, Oberleutnant,
Redakteurin bei der Feldzeitung *MAZ & More* in Prizren, Kosovo

Verena Bromme, Stabsunteroffizier
bei der Kampfmittelbeseitigung, Stetten am Kalten Markt

Meryem Özsu, Unteroffizier beim Transporthubschrauberregiment 30 der Heeresflieger, Niederstetten

einen »tollen Chef«. Wenn sie beten wolle, sagte der sofort, könne sie es jederzeit machen. Und entgegen der bösen Vorhersagen wurde sie bisher nie diskriminiert. Nicht als Frau, nicht als Ausländerin und nicht als Muslimin.

In einem der Lehrgänge trat eine Kameradin zu ihr und meinte: Ihre Freunde hätten gesagt, Moslems würden entweder alle Christen bekehren wollen oder umbringen. »Bist du bescheuert«, antwortete Meryem Özsu. »Was glaubst du, was ich in dieser Uniform hier mache?« Dann erzählte sie der Frau, dass das Wort »Islam« im Arabischen »Frieden« bedeute und der Koran das Töten von Unschuldigen verbiete. Weiterhin gab sie der Soldatin zu verstehen, dass sie und auch ihre Familie es für absurd hielten, wenn einer glaubt, für den Mord an Christen oder Nicht-Muslimen komme er in den Himmel und erhalte noch Jungfrauen dazu.

Der einzige verstörende Fall von Diskriminierung, den sie erlebte, ereignete sich in Stuttgart. Als sie in Uniform durch die Straßen der Innenstadt ging, wurde sie von einer alten Dame angesprochen, die wissen wollte, ob sie sich als Frau nicht schäme, eine Uniform zu tragen. Noch dazu, wo sie ausländisch aussähe. Mit gemeiner Stimme fügte sie hinzu: »So weit ist es mit unserem Land also schon gekommen.« Meryem Özsus Reaktion: »Entschuldigen Sie, wenn Sie keinen Respekt vor mir haben, dann doch bitte wenigstens vor meiner Uniform.« Da spuckte ihr die Frau vor die Füße. »Ich weiß bis heute nicht, warum sie das getan hat.«

Im Gespräch sind ihre Schwärmereien von Landesschutz und Vaterlandsverteidigung so dominant, dass der Mensch dahinter zurückbleibt. Als sie schließlich ihren künftigen Aufgabenbereich bei der Bundeswehr in der Kurmainz-Kaserne in Mainz darlegt, ist dieser so ungewöhnlich wie alles andere an ihr: Sie wird Fachinformatikerin. »Ich hab mit dreizehn Jahren meinen ersten Computer formatiert. Meine Eltern, die davon gar nichts verstanden, waren so stolz, dass mein Vater fortan all meine technischen Experimente unterstützte.« Meryem lacht. »Ich habe ihn eine Menge Geld gekostet, doch er hat mir das nie zum Vorwurf gemacht. Wenn ich wieder eine Festplatte zerstört hatte, kaufte er mir ein paar Monate später einen neuen Rechner.«

Dass eine Soldatin wie Meryem Özsu für die Bundeswehr gut ist, hat man schnell erkannt. Schon nach den ersten Lehrgängen schlug ihr Chef vor, sie solle die höhere Feldwebellaufbahn einschlagen, nicht nur die eines Unteroffiziers. Weil das aber bedeutete, sich nicht nur für acht, sondern für zwölf Jahre zu verpflichten, musste sie erst ein wenig überlegen, doch dann stimmte sie zu. »Ich denke mal, ich will sowieso Berufssoldat werden.«

Bei so viel positiver Zuversicht ist man schließlich doch froh, dass sie die ihr ebenfalls bevorstehenden Auslandseinsätze mit einem mulmigen Gefühl betrachtet. Angst ist ein Wort, das nun in ihren Sätzen auftaucht. Die der Mutter und der Großmutter in der Türkei, der Schwestern und der Freunde im zivilen Leben. Wenn ihr etwas passiert, so sagt sie, leiden all diese Menschen, und das ihretwegen.

Es geht aber nicht allein um die Angst der anderen, auch um die eigene. »Es war mein Traum, zur Bundeswehr zu gehen, nicht in den Krieg zu ziehen.« Doch hinter Sätzen wie: »Ich bin die Mauer, und wenn jemand diesem Land etwas Böses will, muss er über mich hinüber«, bleibt die Wirklichkeit zurück: dass sie vielleicht schießen muss, vielleicht töten, in Afghanistan gar ihre eigenen Glaubensbrüder. In der Grundausbildung, so erzählt sie nun, sei ihr erstmals klar geworden, was Krieg überhaupt bedeute. »Beim Training benutzten wir nur Übungsmunition, aber ich fürchtete mich trotzdem, und ich dachte, wenn die jetzt echt ist, dann weißt du nicht, ob du morgen noch lebst.«

Dann aber, als wäre sie über ihre eigenen Zweifel erschrocken, lenkt sie wieder ein. Was Afghanistan anbelangt, so sagt sie, liegt die Entscheidung, ob der Einsatz dort fortgesetzt werden soll, nicht in der Hand der Soldaten. Sie vertraue aber darauf, dass die Vorgesetzten schon wüssten, was sie täten. »Wenn die uns da hinschicken, dann ist es das Richtige, dann ist es gut so.« Man wünscht es ihr, dass es so ist.

Viele wie Özsu trifft man in der Bundeswehr noch nicht. Mit ihrem Migrationshintergrund ist sie eine deutliche, eine sehr kleine Minderheit – auch wenn die Bundeswehr allen offen steht und sich um die Integration von Soldaten und Soldatinnen bemüht, die in zweiter Generation in Deutschland leben.

In ihrer ganzen bisherigen Bundeswehrzeit, sagt Özsu, habe sie noch keine andere Türkin getroffen. Mit »den Jungs«, den anderen Auszubildenden komme sie gut klar, sie gehe nach Dienstende sogar mit ihnen ins Kino oder essen. Weibliche Gesellschaft fehle ihr aber doch. »Ich schlafe allein auf meiner Stube, das ist schon ein wenig einsam.«

Die Paarprobleme viele ihrer Kameradinnen hat Özsu nicht. Sie ist Single und will es zunächst auch bleiben. Wie ein Mann überhaupt in ihr Leben passen soll, das kann sie sich nicht vorstellen. Erst die Ausbildung, dann will sie weitersehen. »Wenn ich jetzt Mann oder Kinder hätte, dann würde ich denen doch nur das Leben schwer machen.«

Sie geht noch mit zurück bis zum Bahnhof. Ihr Händedruck ist fest. Einen letzten Satz schiebt sie dem eigentlich schon beendeten Interview noch hinterher, und es scheint, als habe sie noch eine Weile darüber nachgedacht, ob es gut sei, diesen zu sagen. Im Gespräch hat sie bereits vieles geäußert, was man ihr falsch auslegen könnte. Dieser letzte Satz aber klingt wie die Überschrift, die sie zu all ihren Gedanken und Gefühlen gesucht hat. »Meine Cousine sagt immer, wenn ich meine Uniform anhabe, dann leuchten meine Augen.« Man solle bitte schreiben, sie sei stolz darauf, Soldatin zu sein und diese Uniform zu tragen. Damit sich endlich das Bild ändere, das man von den Moslems in den Medien zeige.

10

Sind Frauen friedfertiger?

Schluss mit Blümchenkranzbinden und Florence-Nightingale-Gehabe

Schade, dass niemand Protokoll führte, als die Nachricht vom Sieg Tanja Kreils (siehe Kapitel 2) in die Kasernen der Bundeswehr, in die Stuben der Vorgesetzten eindrang. Man hätte gern gewusst, wie dort die einen wimmerten und ächzten, die anderen jubelten und sich die Hände rieben. Welcher Chor war wohl lauter: »O Gott, die Weiber kommen«, oder: »Juchhu, die Weiber kommen«?

Bei der Bundeswehr hatte man im Jahr 2000 Besseres zu tun, als Jammerlaut oder Triumphschrei zu protokollieren, musste doch die zunächst juristisch, dann in Windeseile politisch beschlossene Integration von Frauen in die Tat umgesetzt werden.

Erstaunlich ist, dass die Bundeswehr sich im Jahr 2000 überrascht fühlte. Denn die Debatte um die Öffnung aller Teilbereiche der Bundeswehr für Frauen wurde bereits viele Jahre geführt: zunächst intern, später öffentlich in der Politik. Die Wehrpflicht für Frauen, da waren sich alle Parteien einig, wird es nicht geben. Die Öffnung der Bundeswehr wurde zuletzt auch von Teilen des

Bündnis 90/Die Grünen und der PDS befürwortet, allerdings nicht als Möglichkeit für Frauen, sich im Kampf zu bewähren, sondern lediglich als Arbeitsplatz. Der damalige Verteidigungsminister Volker Rühe brachte die Meinung auf den Punkt: »Ich halte nichts von Frauen in Kampfpanzern.«[13]

Das Urteil setzte allen Diskussionen ein Ende. Nun galt es zu handeln – und zwar flugs. Gerade mal ein knappes Jahr blieb der Bundeswehr, Kasernen und Männer »frauenkompatibel« zu machen. Als eine der ersten Maßnahmen wurden die Fotos nackter Pin-up-Girls in den Stuben und an der Spindtür verboten. Mit der Frage, wie das Zusammenleben von Bürgern und Bürgerinnen in Uniform zu gestalten sei, wurde damals der Bereich Innere Führung beauftragt. Das ist so etwas wie die oberste Instanz in Anstands- und Verhaltensfragen, eine sozialwissenschaftlich-akademische Truppe, die auch über Moral und Political Correctness im Bundeswehrverband wacht.

Die Aufgabe für die Herren – Damen gab es damals ja bei der Inneren Führung noch nicht – lautete, eine »Zivilisierung« des Militärs einzuleiten, sodass ein gleichberechtigtes Miteinander von Männer und Frauen, ähnlich dem in der zivilen Gesellschaft, möglich wurde. Dafür konzipierten die bundeswehreigenen Sozialwissenschaftler aufwendige Seminare mit Videopräsentationen und Charts, in denen die Soldaten auf das Eindringen der Weiblichkeit vorbereitet wurden. Eine offenbar notwendige Maßnahme, denn eine Studie des Sozialwissenschaftlichen Instituts der Bundeswehr von 2001 zeigt, dass 40 Prozent der Soldaten Frauen in Kampfverwendungen ablehnten. 30 Prozent hielten Frauen für ungeeignet, den »harten Bedingungen« im Feld gewachsen zu sein, und ebenso viele befürchteten, dass die Bundeswehr mit der Öffnung aller Bereiche für Frauen ihren militärischen Auftrag nicht mehr angemessen erfüllen könne. 22,8 Prozent der Soldaten wollten keine Frau als militärische Vorgesetzte. 63,5 Prozent glaubten, die Anwesenheit von Soldatinnen erschwere den Dienstalltag, gut 83 Prozent hatten die Sorge, es würden »die mit Sexualität verbundenen Probleme zunehmen«. 55,8 Prozent der befragten Soldaten taten sich schwer mit der Vorstellung, von einer bewaffneten Frau verteidigt zu werden. Zahlen, die selbst das Institut zu dem Fazit hatte kommen lassen, die Integration von Frauen in die Bundeswehr stelle »eine enorme Herausforderung für die Streitkräfte dar, die das gemeinhin übliche soldatische Selbstverständnis eines männlich codierten Kämpfers in seinen Grundfesten erschüttern wird«.[14]

Innerhalb des NATO-Verbands lag die Bundesrepublik bei dem Thema Militär und Emanzipation weit zurück. Das allein war aber nicht der Grund für eine Öffnung weiblicher Soldaten. Die Streitkräfte hatten zudem schwere Nachwuchsprobleme. Von den gemusterten Wehrpflichtigen schieden über 30 Prozent wegen schlechter Fitness, Krankheit, Plattfüßen, Rückenleiden, zu schlechter Sehkraft etc. aus. Ein wesentlicher Teil der Verpflichteten war zudem unwillig, die Härten des Dienstes an der Waffe hinzunehmen. Die Soldaten schlichen mehr, als dass sie durch die Grundausbildung marschierten, und gingen dann hurtig zurück ins zivile Leben. Soldat war zur Jahrtausendwende nicht gerade das, was junge Männer werden wollten.

Vom Missmut einiger Unverbesserlicher abgesehen,

kam das Urteil über die Frauen-Zulassung der Bundeswehr also entgegen, und wahrscheinlich wäre es nur noch eine Frage der Zeit gewesen, bis die Politik das Militär auch ohne richterlichen Beschluss mit der Umsetzung des Gleichstellungsprinzips beauftragt hätte.

Wie aber nahm die »Damenwelt« das Urteil auf? War Tanja Kreil im Jahr 2000 die neue Heldin der Emanzipationsbewegung? Alice Schwarzer, die Grande Dame des Feminismus, hatte bereits 1978 eine Öffnung der Bundeswehr für Frauen gefordert. Nicht, weil sie Frauen an der Waffe sehen wollte – Schwarzer hat sich stets als Pazifistin bezeichnet –, sondern weil sie, wie der Europäische Gerichtshof (EuGH) später auch, das Gleichstellungsprinzip verletzt sah und sie sich daran störte, dass Frauen der Dienst an der Waffe aufgrund ihrer »friedfertigen Natur« verwehrt wurde.[15] Unterstützung erhielt die *Emma*-Gründerin ausgerechnet aus dem politisch konservativen Lager. Michaela Geiger von der CSU, damals Parlamentarische Staatssekretärin des Verteidigungsministeriums, sagte: »Ich sehe nicht ein, warum Frauen diese Berufschancen in der Bundeswehr noch länger verwehrt werden sollen.«[16] Auch die damalige Frauenministerin Claudia Nolte (CDU) war eine Öffnungs-Verfechterin: »Mir fallen wenige Argumente ein, warum Frauen ein freiwilliger Dienst in der Bundeswehr weitgehend verschlossen bleiben sollte.«[17]

Nach dem Straßburger Urteil des EuGHs veröffentlichte die *Frankfurter Rundschau* einen Artikel der Hamburger Rechtswissenschaftlerin Sibylle Raasch unter dem Titel: »Abschied vom Klischee der friedfertigen Frau.« Die Öffnung der Bundeswehr, entschied Raasch, sei ein Sieg des Feminismus. In dem Beitrag hieß es:

»Die gesellschaftspolitische Tradition bestand bisher darin, Krieg als eine Angelegenheit zu betrachten, die bewaffnete Männer als Soldaten unter sich ausmachen. So wurden Waffendienst und Soldatentum jahrhundertelang geradezu als die wahre Betätigung und Bestätigung des sogenannten Mannestums im Sinne aggressiver, durchsetzungsstarker Männlichkeit öffentlich verherrlicht. Den Frauen kam es nach diesem traditionellen Geschlechterrollenverständnis lediglich zu, den siegreichen Kriegern Blumenkränzchen zu binden, den weniger siegreichen die Wunden zu verbinden (am besten unter Aufsicht eines männlichen Arztes), die Gefallenen zu betrauern (in der Regel unter Anleitung eines ebenfalls männlichen Priesters) und als Gebärerin von Söhnen die Kriegsverluste in der nächsten Generation wieder auszugleichen.«[18]

Das klingt zunächst so, als müssten die Frauen Tanja Kreil nun dankbar sein, dem Blümchenkranzbinden, dem Florence-Nightingale-Gehabe, dem Trauerflor und dem Gebärzwang entkommen zu sein. Raasch fragt in ihrem Aufsatz weiter, ob der Sieg des Feminismus (über die Wehrgesetze) eine Niederlage des Pazifismus sei. »Frauen ist durch das Urteil des EuGH ein neues, zumindest in Teilen auch attraktives Berufsfeld geöffnet worden. Das alte Klischee von der friedfertigen und schwachen Frau wurde in einem weiteren gesellschaftlichen Bereich abgebaut und eine letzte Bastion hegemonialer Männlichkeit geschleift. Insofern muss von einem Fortschritt die Rede sein.«[19]

Diese Ansicht eines Fortschritts teilten mitnichten alle Frauen. Raasch erhielt etliche böse Leserbriefe, und Alice Schwarzer musste sich von anderen Feministinnen vorwerfen lassen, sie habe die »Friedfertigkeit der Frau« verraten. Eine der damals vehementesten Kritikerinnen des Urteils und seiner Folgen war Anne Rieger, im Jahr 2000 Landessprecherin beim Bund der Antifaschisten in Baden-Württemberg. Sie sagte zur geplanten Öffnung der Streitkräfte: »Mit Gleichberechtigung oder Emanzipation hat das nichts, aber auch gar nichts zu tun. Emanzipation heißt Selbstbestimmung. Diesem Interesse aber diente kein deutsches Militär, auch nicht die Bundeswehr. Nach innen ist Militär undemokratisch, nach dem Prinzip von Befehl und Gehorsam organisiert, nach außen ist es ein Instrument der Unterdrückung, der Zerstörung von Mensch und Natur. Es dient der Aufrechterhaltung von Macht – auch der Aufrechterhaltung der Macht der Männer über Frauen.«[20]

Die späte Öffnung des Militärs für Frauen und die lange geführte Debatte darüber waren also auch ein Spiegel gesellschaftlicher Verhältnisse. Mit der Zulassung von Soldatinnen in der gesamten Bundeswehr gerieten tradierte Geschlechterstrukturen durcheinander. Die bis dahin unumstößliche Kombination aus Männlichkeit und Militär, Männlichkeit und Gewalt, galt nicht mehr. Mit der Abänderung des Grundgesetzes gab es für die Frauen die Möglichkeit, sich an militärpolitischen Entscheidungen zu beteiligen und somit eine bis dahin für sie nicht vorgesehene Rolle im Staat zu übernehmen. Die letzte Männerbastion war damit gefallen, als Rückzugsgebiet blieb den Männern von da an nur noch der Puff, die Müllabfuhr, Formel 1 und das Klo.

Dabei wäre die Aufregung, an der Wirklichkeit gemessen, kaum vonnöten gewesen. Gerade mal 253 Frauen traten am 2. Januar 2001 ihren Dienst an, weitaus weniger, als man bei der Bundeswehr erhofft oder – je nach Sichtweise – befürchtet hatte. Und bereits 1975, als sich die Bundeswehr im Sanitätsdienst und in der Militärmusik den Frauen öffnete, gab es keineswegs einen Run der Weiber auf das Militär. Bis heute sind die Frauen in der Minderheit. Gerade einmal 16 300 von 253 000 Soldaten sind im Jahr 2009 weiblich. Unter den Soldatinnen befinden sich 3400 Offizierinnen oder Offiziersanwärterinnen. Im Sanitätsdienst liegt der Frauenanteil bei 35,6 Prozent, dort sind rund siebentausend Soldatinnen beschäftigt, dagegen im Truppendienst nur bei 4,45 Prozent. Von den fast achttausend Soldaten im Auslandseinsatz sind gerade mal 450 weiblich.[21]

Dass deutlich weniger Frauen als Männer eine militärische Laufbahn anstreben, kann mit Desinteresse ebenso zu tun haben wie mit einem gesellschaftlich umstrittenen Image der Bundeswehr. Die im Jahr 2001 achtzehn- und neunzehnjährigen Frauen, die man ansprechen wollte, waren die Töchter von Müttern, die vielfach von einer Anti-Bundeswehr-Haltung der Siebzigerjahre geprägt waren. Aller Wahrscheinlichkeit nach hatten sie ihre Töchter in diesem Geist erzogen.

Kampfamazonen und Flintenweiber jedenfalls sind nach wie vor die Ausnahme in den Streitkräften. »Frauen bleiben lieber in der zweiten Reihe, wo sie die Versorgung und Logistik übernehmen. An die Front drängt es sie nicht«, sagt ein Bundeswehroffizier und glaubt, der Grund dafür sei ein geringeres Geltungsbedürfnis der Frauen. »Männer nehmen eher die Alphawolf-Rolle ein.«

Stimmt also die Theorie der friedfertigen Frau, wie sie die Frauenbewegung in Deutschland stets behauptet hat? Frauen, so die soziologisch-genetisch etwas diffuse

Definition, seien weniger gewaltbereit, weil sie sozialer, intelligenter und verantwortungsbewusster seien als Männer. Eine einfache Sichtweise, die ausschließt, was nicht in diese Definition passte. Zum Beispiel, dass Frauen im internationalen Terrorismus schon lange eine aktive Rolle übernommen haben. Das gesellschaftliche Klischeebild von der Frau als Beschützerin und Bewahrerin stand und steht in geradezu erschreckendem Gegensatz zu Selbstmordattentäterinnen und »Schwarzen Witwen« (meist Frauen, die während der Tschetschenienkriege ihre Männer und Ernährer der Familie verloren und sich, aus Rache oder finanzieller Not, für Selbstmordattentate anheuern ließen), die nicht nur ihr eigenes Leben opferten, sondern auch andere Frauen, sogar Kinder mit in den Tod zu nehmen bereit waren. Frauen schossen und mordeten in der italienischen Terrororganisation »Rote Brigaden«, der deutschen Baader-Meinhof-Gruppe, der kurdischen militanten Widerstandorganisation PKK (Partiya Karkerên Kurdistan), sie dienten auf Sri Lanka der paramilitärischen Gruppe Liberation Tigers of Tamil (LTTE) und in Palästina den der Fatah nahestehenden Al-Aksa-Brigaden.

Anders als in Südamerika und auch in den intellektuellen weiblichen Kreisen der USA hat es in der Bundesrepublik kaum eine Frauenrechtlerin gegeben, die sich nicht nur peripher zu internationalen Konflikten und Kriegen äußerte. Die den Interessen und Problemen der weiblichen Mittel- bis Oberschicht verbundene Frauenbewegung in Deutschland hat sich weder im eigenen Land für die Rechte der Tausenden von Migrantinnen eingesetzt, die aus Kriegs- und Krisengebieten geflüchtet waren, noch in anderen Ländern mit der zivilen Frauenwelt solidarisiert, die unter Kriegshandlungen zu leiden hatte: die Frauen Tschetscheniens, Russlands, des Balkans, der Golfregion, die Opfer des ruandischen Genozids, die vergewaltigten Frauen des Kongo. Die erklärte Ablehnung aller kriegerischen Handlungen und die Solidarisierung mit Frauen, die diesen ausgeliefert sind, stand und steht nicht auf der Agenda der deutschen Frauenbewegung. Auch nach ihrer Neubelebung Anfang des zweiten Jahrtausends blieb diese den Befindlichkeiten deutscher Frauen und Nicht-Soldatinnen verhaftet und formierte sich nicht zu einer politischen Gruppe, die sich für eine kriegs- und gewaltfreie Weltordnung einsetzt – und somit den Beweis einer weiblichen Friedfertigkeit liefert.

Weibliche Natur und Friedfertigkeit hin oder her, was die Debatte der späten Neunzigerjahre kaum würdigte, war die Tatsache, dass Frauen schon immer, wahrscheinlich bereits seit den steinzeitlichen Konflikten, am Kriegsgeschehen teilnehmen und sich auch bei gegenwärtigen und künftigen Kriegen im Zentrum derartiger Aktionen wiederfinden werden. Nicht unbedingt als aktive Kämpferin, sondern als das, was in der Bilanz eines Krieges als Kollateralschaden auftaucht: als Opfer gewalttätiger Handlungen gegen Zivilisten. Zu den modernen Kriegswaffen gehören nicht nur Massenvernichtungswaffen, deren Wirkung vor Zivilisten nicht haltmacht, sondern auch Massenvergewaltigung und Verstümmelung von Frauen als Mittel, »den Feind«, also die Männer, zu demoralisieren. Hinzu kommt, dass Frauen – und ihre Kinder – stets die Konsequenzen der gewaltsamen Auseinandersetzungen und des damit einhergehenden Zusammenbruchs der sozialen Strukturen zu tragen haben: Vertreibung, Flucht, Hunger, Kälte, Krankheiten.

So weit also zur Vergangenheit der frauenmilitärischen Debatte. Was aber wird die Zukunft bringen, wohin soll die Reise gehen? Bislang stand zuoberst die Behauptung der Frauen in einer Männerdomäne, galt es, das *Yes we can* mit Inhalt zu füllen. Zehn Jahre nach der Aufnahme von Frauen in allen Einheiten des deutschen Militärs ist die Debatte um Vorteil oder Nachteil dieses Schrittes zum Glück abgeflaut bis erloschen. Das bedeutet zwar nicht, dass der Sozialisierungsprozess innerhalb der Bundeswehr abgeschlossen wäre – dass er es nicht ist, zeigen die Interviews mit den Soldatinnen. Der jüngste Forschungsbericht des sozialwissenschaftlichen Instituts aber brachte positive Ergebnisse. Autor Gerhard Kümmel konstatierte: »Es herrscht nicht eitel Sonnenschein im Verhältnis von Männern und Frauen in der Bundeswehr. Es gibt eine fortschreitende Normalisierung, aber keinesfalls Anlass zur Selbstzufriedenheit.« Verbesserungen verzeichne man vor allem in der Akzeptanz von Soldatinnen bei ihren männlichen Kameraden. »In Teilbereichen ist das Meinungsbild männlicher Soldaten gegenüber ihren weiblichen Kameraden positiver geworden. Abgenommen hat etwa die Skepsis männlicher Soldaten gegenüber Frauen in Vorgesetztenfunktionen. Auch die Meinung, dass Frauen den männlichen Soldaten die Arbeitsplätze wegnehmen, findet sich deutlich seltener als noch zu Anfang des Integrationsprozesses.«[22]

Stellt sich also die Frage, welche Aufgabe die Soldatinnen zukünftig innerhalb des Bundeswehrverbands erfüllen können, welche spezielle Rolle ihnen zugedacht werden kann. Die Konflikte, an deren Beendigung die Bundeswehr aktiv mitarbeitet, vor allem im Kosovo und in Afghanistan, zeigen, dass eine Befriedung mehr braucht als nur militärische Strategien, bewaffnete Präsenz und Schutz. Frauen sind, wie bereits oben geschildert, vom Kriegsgeschehen unmittelbar betroffen. Deshalb fordern zivilgesellschaftliche Organisationen, das Europäische Parlament und die UNO eine Erhöhung des Anteils von Frauen in Friedenstruppen auf mindestens 40 Prozent sowie eine militärische Ausbildung, die »Peacekeeper«, also Soldaten, deren Aufgabe die Überwachung und Umsetzung von Friedensabkommen ist, für Frauenrechte sensibilisiert.

Das neue militärische Aufgabenfeld des Peacekeepings beinhaltet die Einführung demokratischer und zivilgesellschaftlicher Strukturen, die nur dann gelingen kann, wenn der Position der Frauen in diesen Konfliktgebieten mehr Aufmerksamkeit gewidmet wird. Gerade dort, wo die Implementierung von Menschenrechten eine Teilaufgabe des Peacekeepings ist, muss Frauenrechten eine besondere Bedeutung zukommen. Die Durchsetzung von demokratischen Strukturen, darin sind sich Experten einig, wird nicht möglich sein, wenn der Konstruktion von Geschlechterrollen und Identität in den Krisengebieten keine Aufmerksamkeit gewidmet wird. Soldatinnen kann dabei die Aufgabe zufallen, Rollenmodelle anzubieten, den Kontakt zur weiblichen Bevölkerung der jeweiligen Konfliktzonen zu intensivieren und deren Bedürfnisse zurückzutragen ins Einsatzführungskommando der Bundeswehr, wo über die Struktur von Einsätzen entschieden wird. Wie anders sollte die Stabilisierung einer Zivilgesellschaft voranschreiten, wenn nicht auch und vielleicht sogar vorrangig die Lebensbedingungen von Frauen und ihren Kindern verbessert werden. Die Welt, so scheint es, bietet wichtigere Probleme als die Passform weiblicher Uniformen und die Entmachtungsängste männlicher Soldaten.

11

»Du zeigst besser keine Schwäche«

Jana Hartwig, Oberbootsmann beim Heer

Blumen gießt ihr Mann. Mit Blumen kann sie gar nicht, sagt Jana Hartwig. Sie kocht. Man stellt sich vor, wie das Ehepaar Hartwig, sie Oberbootsmann, er Hauptbootsmann, gemeinsam bei Tisch sitzt, die befeuchteten Blumen auf der Fensterbank, das Gekochte auf dem Teller, und – sagen wir mal – über den Einsatz in Afghanistan spricht. Immerhin waren beide schon dort, und Gesprächsstoff über dieses Land gibt es wohl genügend. Doch Afghanistan ist bei den Hartwigs nur selten ein Thema. »Vieles, was man erlebt hat, erzählt man besser nicht. Nicht einmal dem Partner.«

Oberbootsmann Jana Hartwig heißt nicht so. Aber sie möchte ihren wahren Namen nicht in einem Buch über Frauen bei der Bundeswehr lesen. Nicht weil die Achtundzwanzigjährige Angst hat, etwas zu sagen, sondern weil sie nicht weiß, ob sie noch einmal nach Afghanistan gehen wird. Soldaten, die sich mit dem Gedanken tragen, einen Einsatz im Ausland zu machen, haben Auflagen. Der militärische Alltag, Einsatz- und Dienstpläne unterliegen der Schweigepflicht. »Nur für den Dienstgebrauch« steht als Zusatz auf allen Schriftstücken, über die man nicht sprechen darf.

Keine Veröffentlichungen bei Facebook oder in einem der anderen sozialen Netzwerke, keine lautstarken Schilderungen oder Prahlereien über die Einsätze. Das ist eine Empfehlung, keine Verordnung. Theoretisch könnte jeder Soldat in einem der Internetnetzwerke bekannt machen, wo sein nächster Einsatzort sein wird. Dann aber, so erklärt die Bundeswehr, könnten sie von fremden Nachrichtendiensten ausgespäht werden. Auch habe es in der Vergangenheit Drohungen gegen die Soldaten und – schlimmer noch – gegen die Familie gegeben. Wenn man fragt, ob es denn tatsächlich sein könne, dass die Taliban oder eine andere Terrorgruppe sich die Mühe machen, ein Buch zu lesen, um nach Namen von Soldaten im Einsatz zu suchen, die dann ohnehin mit großer Wahrscheinlichkeit lange wieder daheim in Deutschland sind, gibt es ein Schulterzucken. Man rede über solche Dinge nicht, sie seien nicht zur Veröffentlichung bestimmt. Aber man wisse eben, dass es nicht ungefährlich sei, es gäbe auch Kriminelle, die es mit Erpressung hielten. Frauen von Soldaten, die in Afghanistan waren, hätten schon das eine oder andere Mal entsprechende Anrufe bekommen. Bestenfalls war es ein militanter Gegner des Afghanistaneinsatzes, der seinem Unmut Luft machte und den abwesenden Soldaten sowie dessen Frau beschimpfte. Doch es gab auch Fälle, in denen der anonyme Anrufer mit Entführung der Kinder drohte, Gewalt gegen die Familie ankündigte. Jana Hartwig jedenfalls, in Erwartung eines Babys, will ihre Familie schützen.

Hartwig hat einen langen blonden Zopf, ein junges Gesicht und einen deutlich gerundeten Schwangerschaftsbauch. Uniformen für Schwangere gibt es bei der Bundeswehr nicht. Hartwig aber trägt – wie viele der Soldatinnen – ohnehin Männeruniform. Die sitzt besser. Die Schnitte der Frauenuniformen, sagt sie, seien schrecklich. Sie wisse nicht, welchen Schneider die Bundeswehr daranließe oder woher man die Maße nähme. Keine Frau, egal ob dick oder dünn, sei so gebaut, wie die Uniformen geschnitten seien. Immer sind die Hosen zu kurz, zu eng oder zu lang und zu weit, kurzum, es sei eine Katastrophe, ein leidiges und unter Soldatinnen häufig besprochenes Thema. Männeruniformhosen in großen Größen dagegen taugten hervorragend als Schwangerschaftshose, und wenn selbst die zu eng werde, dann müsse sie eben in Zivil zum Dienst kommen. Das sei erlaubt – unter solchen Umständen.

Hartwig ist klein von Statur. Schon als Kind hatte ihr die geringe Größe zu schaffen gemacht. Da sie aber als einziges Mädchen und Jüngste unter vier Geschwistern aufwuchs, habe sie früh gelernt, sich »ein dickes Fell« zuzulegen. Oder sich anzupassen. Ihre Brüder behandelten sie wie einen Jungen. »Heute denke ich, das war eine gute Schule.«

Beim Marschieren war der Mangel an Größe für Hartwig zunächst eine Herausforderung. Die baumlangen Kerle in ihrer Kompanie ließen sie mit einem Lächeln hinter sich. Also lernte sie schneller zu gehen, bis ihr der fixe Gang in Fleisch und Blut überging. »Meine Freunde sagen immer, ich solle doch nicht so rennen, aber ich kann gar nicht mehr anders. Das ist jetzt so drin.«

Jana Hartwig wurde 1981 geboren. Die Mutter kommt aus Holland, ist Hausfrau, der Vater arbeitet im

Brückenbau. Sie sagt, sie sei keine herausragende Schülerin gewesen. Nach der Schule macht sie eine Ausbildung zur Kinderpflegerin, danach zur Sozialassistentin, schließlich landet sie in der Gastronomie – aber so richtig ist das alles nichts. Nichts Halbes und nichts Ganzes, sagt Hartwig heute. Als der älteste der Brüder zur Bundeswehr geht und Scharfschütze wird, horcht die kleine Schwester auf. 2000 sehen die Geschwister eine Reportage über das Urteil, das Frauen den Weg in die Bundeswehr öffnet, und der Bruder sagt zu ihr: »Da kannst du dich doch mal bewerben.«

Sie wurde angenommen und findet noch heute, das sei die beste Entscheidung in ihrem Leben gewesen. »Vorher wusste ich nicht so recht, was ich eigentlich wollte. Ich weiß nicht, was aus mir geworden wäre, wenn ich nicht zur Bundeswehr gegangen wäre.«

Über Auslandseinsätze habe sie sich bei ihrem Eintritt in die Streitkräfte im Jahr 2001 »keinen Kopf gemacht«. Krisengebiete? Damals weit weg. »Jetzt stecke ich mittendrin, jetzt beschäftige ich mich damit. Hier in dieser Kaserne ist die Einsatzdichte sehr hoch, ständig geht einer, den man kennt, nach Afghanistan.«

Jana Hartwigs beste Freundin heißt Anne. In der Schule saßen die Mädchen nebeneinander, teilten die Freizeit. Anne sei auch »kein Frauchen«. Die Freundin wurde selbst Bäckerin, gehörte aber zu den Unterstützerinnen, als Jana verkündete, Soldatin werden zu wollen. Begeistert von dem Mut der Tochter war auch der Vater. Nur die Mutter nicht, weil es bedeutet, die Tochter ziehen zu lassen.

Hartwig wurde nach der Grundausbildung Sanitätssoldat. Von vierzig Soldaten im Zug waren zehn Frauen, zu sechst schliefen sie auf einer Stube. »In der Grundausbildung haben sich starke Freundschaften gebildet. Das ist eben die positive Kehrseite von Disziplin und Anstrengungen. Man muss zusammenhalten, man lernt einander gut kennen.«

Die Grundausbildung, glaubt Hartwig heute, hätte sie nicht durchgehalten, wenn sie nicht in der Schule schon sehr sportlich gewesen wäre. Den Ton findet sie am Anfang ruppig, den Tagesablauf mühsam. Es gibt keine Auszeit, kein Sich-verdrücken-Können, kein Wegducken. Sie »beißt die Zähne zusammen«. Sie sagt: »Ich dachte mir, du zeigst besser keine Schwäche.« Sie habe lernen müssen, selbstbewusst aufzutreten. Ein »Stück weit« habe sie immer besser sein müssen als ihre Kameraden, um dieselbe Anerkennung zu finden. Die Bundeswehr, das sei ihr schnell klar geworden, sei »nichts für kleine Mädchen«. »Wenn man zartbesaitet ist, sollte man die Finger davon lassen, das, was einem hier an Aufgaben gestellt wird, das muss man auch äußerlich symbolisieren. Wenn man sich hier auftakelt, dann hat man verloren, weil es nicht zu dem passt, was wir tun.« Viele Frauen kämen mit der Illusion, in ein Männerparadies zu geraten – und landen stattdessen in einer harten Welt, in der Regeln herrschen, die ihnen in der Kindheit nicht vermittelt wurden. »Soldat ist immer noch ein Männerberuf, bei dem man sich auch sehr schmutzig macht. Tough muss man sein. Für typische Weiblichkeit ist hier kein Platz.«

Dann kamen verschiedene Sanitätslehrgänge, Hartwig lernt, einen Lkw zu fahren und aus einem Flugzeug abzuspringen. »Beim ersten Mal hat man echt Schiss, aber danach ist es eine totale Herausforderung.« Als sie sich aber bei einer Landung die Bänder anriss, war es mit dem Springen vorbei.

Die Hartwigs haben sich im Dienst kennengelernt. Jana Hartwig findet eine Soldatenehe optimal. Man müsse sich nicht ständig erklären, nicht rechtfertigen für Auslandseinsätze, lange Dienstzeiten. Anders als in der zivilen Welt, wo Liebesbeziehungen unter den Angestellten einer Firma ungern gesehen werden, steht die Bundeswehr solchen Gefühlsverbindungen entspannt gegenüber: »Der Umgang mit Sexualität ist für das Dienstverhältnis nur dann von Bedeutung, wenn dadurch der Dienstbetrieb gestört wird, der kameradschaftliche Zusammenhalt beeinträchtigt wird oder es in sonstiger Weise zu einer nachhaltigen Störung der dienstlichen Ordnung kommt«, heißt es in einer Dienstverordnung. Diese Lockerheit beschränkt sich, anders als noch vor zehn Jahren, als ein Offizier nur mit komplementierender Gattin denkbar war, nicht mehr auf die Ehe oder auf heterosexuelle Beziehungen. »Angesichts der allgemeinen gesellschaftlichen Akzeptanz, zumindest Toleranz gegenüber nichtehelichen Lebensgemeinschaften, werden durch die außerhalb des Dienstes erfolgende, einvernehmliche Aufnahme sexueller Beziehungen dienstliche Interessen grundsätzlich nicht berührt. Daher sind außerdienstlich sowohl heterosexuelle als auch homosexuelle Partnerschaften und Betätigungen unter Soldatinnen und Soldaten disziplinarrechtlich regelmäßig ohne Belang. Dies gilt auch dann, wenn die Partner einen unterschiedlichen Dienstgrad haben«, so der weitere Text der Dienstverordnung.

Ihr Ehemann ist im selben Zug wie sie, er ist älter, länger bei der Bundeswehr. »Alles, was ich kann, habe ich von ihm gelernt«, sagt Jana Hartwig. Es klingt nach Bewunderung oder vielleicht auch einfach nur nach der Erleichterung einer jungen Frau, eine führende Hand gefunden zu haben.

2007 fliegt sie zum ersten Mal nach Afghanistan, nach Feyzabad, im Norden gelegen, wo die deutschen Streitkräfte Patrouillen fahren und die Distrikte kontrollieren. In einem Schnellkurs wird sie in Geschichte und Politik des Landes eingewiesen. Man hatte sie gefragt, ob sie gehen wolle, und sie sah keinen Grund, Nein zu sagen. Ihr Mann war vor ihr dort gewesen. Die Aufgabe reizte sie, das Geld auch. 96 Euro verdiente sie damals zusätzlich pro Tag.

Gemeinsam fährt das Ehepaar noch nach Köln zum Flughafen, dann der Abschied. Beide wussten, was auf sie zukommt. »Wir haben uns keine Illusionen gemacht. Mein Mann kannte ja die Gefahren, aber wir sind nüchtern geblieben, haben uns da in nichts reingesteigert.« Die erste Station auf dem Weg nach Afghanistan war Termiz in Usbekistan, der Bundeswehrstützpunkt zur Versorgung der Soldaten in Afghanistan. Zwischenlandung in einem unbekannten Land. Jana Hartwig war noch niemals weit gereist. Die Luft roch anders, daran entsinnt sie sich noch. Und an den Blick aus dem Flugzeug auf ein scheinbar unbewohntes Land. In den Koffer hatte sie ihre eigene Bettwäsche gepackt, weil die sich »nach zu Hause anfühlt«, nicht »hart und kratzig« ist wie die Bundeswehrbettwäsche.

Als Rettungsassistentin geht sie mit auf Patrouille, raus aus dem sicheren Camp. Sie ist die einzige Frau in dem Team, für Verwundete ist noch ein Arzt dabei. Zwei erste Eindrücke sind ihr in Erinnerung geblieben: Das

Land habe ausgesehen wie hingemalt. Und sie habe das Empfinden gehabt, im 18. Jahrhundert gelandet zu sein. »Ich dachte wirklich, die Zeit sei stehen geblieben.«

Am Anfang der Patrouillen hat sie Angst, in der Ferne hört man immer wieder Schüsse. Auf einer Tour wird sie mit Steinen beworfen. »Da versteht man, wie gefährlich das ist, was man tut.«

Die Angst beeinflusst ihre Einstellung zur Aufgabe, zum Land. Sie nimmt es als bedrohlich, dunkel und fremd wahr. Schließlich findet sie sich aber mit der Gefahr ab, von da an wird es besser. Sie ist froh, nicht die ganze Zeit im Lager sein zu müssen, die Enge dort, das sei nichts für sie gewesen. Manchmal übernachtete die Patrouille in Flussbetten. »Das waren schon besondere Momente.« Vier Monate bleibt sie und beschäftigt sich mit der speziellen Situation der afghanischen Frauen, vor allem jenen, die zur ärztlichen Untersuchung ins Camp kommen. Einmal legt jemand eine schwer verbrannte Frau vor dem Tor des Camps ab. Was geschehen war, fand man nicht heraus, die Frau starb bald darauf, aber in Jana Hartwigs Erinnerung blieb sie – als Sinnbild für ein unbarmherziges Land, in dem der Tod stärker ist als das Leben.

Jana Hartwig schweigt viel, auch wenn sie erzählt. In allen Worten ist gleichzeitig eine Stille, ein Nachhorchen auch von Worten, die nicht gesagt wurden, aber die im Raum hängen. Afghanistan bleibt diffus wie das Licht, wenn es sich mittags im Staub bricht. Die Worte können die Gefühle und Erfahrungen nicht spiegeln. Mit Härte hat sie gerechnet. Mit Verletzungen der eigenen Seele nicht. Ruhiger, gelassener und dankbarer sei sie geworden, nachdem sie zurückkehrte. »Man ist hier verwöhnt.«

Sie würde auch ein zweites Mal nach Afghanistan gehen. Aber nun kommt erst mal das Kind. Inzwischen ist sie Sanitätstruppführer, bildet selbst Sanitäter aus und möchte eines Tages Zugführerin werden. Sie hat sich durch Ehrgeiz und Disziplin über ihre Größe erhoben. Wenn sie nun marschiert, dann folgen die Männer ihr. Klar würden die jungen Wehrpflichtigen am Anfang tuscheln und kichern, da sie eine Frau als Vorgesetzte haben. »In diesen Fällen muss man die Stimme erheben. Und wenn das nicht reicht, dann lässt man sie eben antreten.« In den vergangenen Jahren hat sie immer mal wieder überlegt auszusteigen, den Gedanken jedoch schnell wieder verworfen. »Ich hab an die Kameradschaft gedacht und schließlich gesagt, versuch es noch mal, hier bist du richtig.« Sie wird bei der Bundeswehr bleiben, wenn man ihre Bewerbung als Berufssoldatin akzeptiert. Das sei nicht einfach, erzählt sie, die Kriterien der Auswahl seien nicht wirklich bekannt, es ginge auch um psychologische Befähigung, gute Leistung und um Dinge, mit denen sie sich nicht auskenne. Sie hofft, es klappt. »Es wird mit jedem Jahr schwerer, wieder ins zivile Leben zu kommen. Die Stellen sind rar, und man verdient nicht viel Geld.«

12

»Anschreien ist unzweckmäßig«

Anika Kalkofen, Oberleutnant, Kompaniechefin der 2. Kompanie des Panzergrenadierbataillons 411, Stallberg

Der erste Gedanke, wenn sie den Raum betritt: Ist die jung! Und das ist sie ja auch. Gerade mal neunundzwanzig Jahre alt. An ihrer Bürotür steht: »Kompaniechef«. So weit hat es im Heer bislang noch keine Frau gebracht.

»Ach was«, winkt Anika Kalkofen bescheiden ab, wenn man sie fragt, wie man zu so einer steilen Karriere kommt. »Das ist eine normale Laufbahn. Ich habe eben Glück gehabt. Kompaniechefstellen gibt es zwar nicht so viele, aber ich war in meinem Jahrgang auch die einzige Frau bei den Panzergrenadieren, die die Ausbildung geschafft hat. Ich hatte keine Verletzungen, ich hatte meine Prüfungen bestanden, ich hab irgendwie durchgehalten. Und so kam ich bis hierher.«

»Bis hierher« – das ist ihr Büro in der Kürassier-Kaserne in Viereck, im Landkreis Uecker-Randow. Schöne Landschaft, wenig los, so könnte man die Gegend, im lästerlichen Volksmund auch »Pommersch-Kongo« genannt, in einer Schlagzeile beschreiben. Die Kürassier-Kaserne, benannt nach einer Kavalleriegattung, ist zwar alt, die Gebäude aber sind modern, das Gelände macht einen weitläufigen und freundlichen Eindruck. Die Wälder drumherum sind militärisches Sperrgebiet und ein trefflicher Übungsplatz für die Panzergrenadiere.

In dieser Kaserne war Anika Kalkofen 2002 zum ersten Mal, als sie ihren Dienst als Gruppenführer antrat. Damals war sie Fahnenjunker, nun steht sie dort der 2. Kompanie des Panzergrenadierbataillons 411 vor. 130 Männer und Frauen hören auf ihr Kommando. Beinahe wäre es zu diesem Tag niemals gekommen. Dass es doch geschah, lag an einer Brille, Unlust an einem Medizinstudium und einer großen Portion Durchhaltevermögen.

Sie wurde am 10. Oktober 1980 in Ost-Berlin geboren. Der Vater war Soldat bei der Nationalen Volksarmee. Die Tochter wollte ursprünglich zur Polizei. Die Polizei lehnte sie ab wegen ihrer Sehschwäche. Die damals frischgebackene Abiturientin suchte sich vorsichtshalber schon mal eine Lehrstelle im Büro, obwohl das so ziemlich das Letzte war, was sie wollte. Dann bewarb sie sich noch bei der Bundeswehr. Das geschah im Jahr 2000, und Frauen konnten damals nur zum Sanitätsdienst und zum Musikdienst der Bundeswehr. Beides interessierte sie eigentlich überhaupt nicht, aber sie wollte »unbedingt was mit Uniform« machen, selbst wenn das bedeutete, Medizin zu studieren.

Kaum hatte Anika Kalkofen die Bewerbung abgeschickt, öffnete die Bundeswehr Frauen den Weg in alle Verwendungen, und sie ärgerte sich mächtig über diesen unglücklichen Umstand. Ihre Unlust auf ein Medizinstudium flog bereits beim Einstellungsgespräch auf, und man beschloss, die Sanitätsdienstbewerbung in eine Heeresbewerbung umzuschreiben. So landete sie bei den Panzergrenadieren.

Was Panzergrenadiere sind, darüber gibt beispielsweise Wikipedia mit ein paar griffigen Formulierungen Auskunft. Die eine lautet: »Es ist nicht Mensch, nicht Tier – es ist ein Panzergrenadier.« Eine andere geht so: »Tritt niemals auf einen grünen Stein, es könnte ein Greni sein.«

Panzergrenadiere sind stets im Ganzkörpereinsatz. Entweder »Aufgesessen« – auf oder im Panzer – oder »Abgesessen« als Infanteristen, also als am Boden kämpfende Truppe. Nun ist es zwar nicht so, dass die Grenadiere immer nur auf den Panzer aufspringen oder von ihm abspringen, ihre besondere Fähigkeit indes ist, dass sie in verschiedenen Funktionen und Positionen verwendbar sind. Weshalb sie fit sein müssen. Und sportlich dazu. Für Kalkofen bedeuten die Panzergrenadiere eine »Vielfältigkeit der Tätigkeit und viele Möglichkeiten des eigenen Handelns«.

Dabei wollte sie eigentlich schon in der Grundausbildung alles hinschmeißen. Weil sie, die mehr als zehn Jahre Fußball spielte, »den real existierenden körperlichen Unterschied zwischen Männern und Frauen schmerzlich fühlte«. Gleiche Leistung für alle, das ist der Preis der Gleichberechtigung bei der Bundeswehr. Nur beim Physical Fitness Test und beim einmal im Jahr abzulegenden Sportabzeichen dürfen die Soldatinnen die für Frauen geltenden Bewertungen für sich in Anspruch nehmen. Draußen im Feld aber gilt: Was die Männer bringen, müssen auch die Frauen können. Und selbst nach der Grundausbildung sei ihr die Anpassung an den Bundeswehralltag nicht immer leichtgefallen, erzählt sie. Sie habe lernen müssen, den Mund zu halten und nicht alles zu sagen, was sie gern sagen würde. »Ich war früher ziemlich frech. Das musste ich mir abgewöhnen.«

Anika Kalkofen ist zierlich, die langen Haare fallen in einem Zopf über den Rücken. Keine, die durch Größe oder Umfang Autorität ausstrahlt. Aber wenn sie spricht, dann mit Präzision und einer Klarheit, die beeindruckt. Jeder Satz wird ruhig und fest vorgetragen, selten gibt es ein Zögern. In ihrem Büro sitzt man nicht lange ungestört. Über viele dienstliche Angelegenheiten des Tages muss der Chefin persönlich Bericht erstattet werden. Und das geht so: Ein Soldat erscheint in der Tür, grüßt und sagt: »Frau Oberleutnant« – dann folgen Dienstgrad und Name –, »ich melde mich in einer dienstlichen Angelegenheit.«

»Wie kann ich Ihnen helfen?«, erwidert daraufhin die Chefin und hört sich die Angelegenheit an.

Montags und Freitags lässt sie die Kompanie antreten. Einmal, um über Pläne und Aufgaben der vorliegenden Woche zu reden, zum anderen, um ein Fazit über die zurückliegende Woche zu ziehen. Dem hierarchischen Prinzip der Bundeswehr folgend, führt sie die Teileinheitsführer: den Kompaniefeldwebel, die Zugführer, den Kompanietruppführer und die verschiedenen Offiziere und Unteroffiziere für spezielle Verwendungen.

Doch auch die freundliche Ansprache zwischendrin, auf dem Flur, dem Gelände, in der Kantine, gehören zu ihren Grundsätzen der Menschenführung. »Klar geht es noch immer nicht ohne Befehl und Gehorsam. Die Zeiten, in denen der Soldat als Mensch weniger interessierte, sind indes lange vorbei. Moderne Menschenführung heißt das heute und bedeutet, dass man auf jeden Soldaten und jede Soldatin individuell und mit Fingerspitzengefühl eingehen soll. Anschreien ist unzweckmäßig, da macht der oder die doch sofort dicht.«

Um das Wohlergehen ihrer Soldaten ist sie auch bei Übungen im Freien besorgt. Decken und warme Getränke gehören bei Kälte dazu. »Ich selbst bin kein Wintertyp, ich mag keine Kälte. Der man als Panzergrenadier aber ständig ausgesetzt ist. Wenn man auf dem Marder sitzt, ist man schnell durchgefroren. Das muss ja nicht sein, dass sich unsere Soldaten etwas wegholen. Auch das hat sich geändert. Noch vor fünfzehn Jahren hätte da niemand drüber nachgedacht.«

Anika Kalkofen begann ihre Laufbahn bei der Bundeswehr am 1. Juli 2001. Nach der Grundausbildung folgte eine dreimonatige Spezialausbildung zum Richtschützen. »Das sind die Leute, die im Panzer die Waffen auf ihr Ziel ausrichten.« Wie man einen Panzer fährt, lernte sie dabei auch gleich. Als Frau der Tat hat sie die anschließende Zeit auf dem Übungsplatz genossen: »Das Gelernte ergibt erst einen Sinn, wenn man das Zusammenspiel der verschiedenen Gruppen auf dem Platz sieht.« Danach folgten die beiden obligatorischen Offizierslehrgänge. Menschenführung, Entscheidungskompetenz, soziale Kompetenz, Rhetorik, Didaktik – neben der militärischen Theorie standen solche Themen auf dem Stundenplan.

2004 geht sie an die Bundeswehruniversität nach Hamburg und studiert bis 2008 Pädagogik. »Das kam mir entgegen, weil es viel mit Allgemeinwissen zu tun hat und nicht so speziell ist.« Dennoch sind ihr die Studienjahre schwergefallen. »Ich bin ein unruhiger Geist, ich kann nicht lange still sitzen.«

Zum Zeitpunkt des Gesprächs ist Anika Kalkofen seit sechs Wochen Kompaniechefin, drei davon hat sie Urlaub gehabt. Die Übergabe dieses Dienstpostens erfolgte am 25. September 2009 auf dem Kasernengelände, viel Presse war anwesend. Frauen in Führungspositionen bei der Bundeswehr sind nach wie vor eine Ausnahme, die Soldatinnen der ersten Stunde haben gerade erst die erforderliche Laufbahn hinter sich, um überhaupt leitende Stellen bekleiden zu können.

Erst gut eine Woche vor ihrem Antritt, nämlich am 17. September, war sie von einem viermonatigen Einsatz für die KFOR im Kosovo zurückgekehrt, jene nach Ende des Balkankriegs 1999 aufgestellte multinationale Truppe unter der Leitung der NATO, und eigentlich bei der Übergabe durch ihren Vorgänger auch noch nicht »ganz wieder da«. Die Zeit im Kosovo, wo sie Kompanieeinsatzoffizier war, hat sie als gute Vorbereitung empfunden. Die Erfahrungen im Auslandseinsatz seien eben doch anders als die Theorie.

»Normale Nervosität« habe sie vor dem Antritt gehabt, Angst keinesfalls. »So das Übliche halt. Hoffentlich stolpere ich nicht, verhasple mich nicht. Mehr Gedanken aber habe ich mir über meine Aufgaben gemacht. Wie kann ich die Anforderungen an mich gut erfüllen, was wird auf mich zukommen?«

Viel könne sie also über ihre neue Position noch gar nicht sagen, sie müsse erst mit Leben erfüllt werden. »Ich arbeite mich durch alles durch. Ich muss die Leute kennenlernen, die künftigen Aufgaben für diese Kompanie festlegen, meine Ziele klar definieren. In der ersten Woche konnte ich mir all die Namen gar nicht merken. Im Laufe der Zeit muss ich herausfinden, welchen Charakter meine Soldaten haben, damit ich genau weiß, wen ich wie einsetzen kann. Für mich gehört dazu auch, dass ich weiß, welche persönlichen Probleme jemand eventuell hat.«

Erst zögerlich, dann mit zunehmendem Temperament, erläutert sie die Aufgaben eines Kompaniechefs. Personalführung ist das eine. Dazu gehören lange Gespräche mit ihren Untergebenen. »Ich muss später deren Beurteilung schreiben, da muss ich wissen, wie sind sie jetzt und wie haben sie sich entwickelt.« Militärische Taktik ist das andere. Wie setzt man die Mittel, sprich: Waffen, Panzer, Soldaten, Ausrüstung richtig ein? Welche der drei militärischen Taktiken – Angriff, Verteidigung, Verzögerung – ist in welcher Situation angebracht? Die taktischen Pläne erhält Kalkofen von ihrem direkten Vorgesetzten, dem Kommandeur des Bataillons. In der Umsetzung hat sie freie Hand. »Im Prinzip geht es immer nur um zwei Ziele: Raum gewinnen mit geringen Verlusten und am Ende den Kampf für sich entscheiden.«

Marsch- und Gefechtsart sind Begriffe, die zu Kalkofens täglichem Vokabular gehören.

Als sie selbst noch in der Ausbildung war, wurde die »Schlacht in der norddeutschen Tiefebene« geübt. Zwar war klar, dass es diese in der Realität nie geben wird, die grundsätzliche militärische Taktik konnte aber an einer solchen Ausrichtung geübt werden. Heute ist aus der norddeutschen Tiefebenenschlacht der Kampf am Hindukusch geworden. »Im Großen und Ganzen arbeiten wir aber weiterhin nach dem altbewährten Prinzip: Wie stelle ich meine Panzer auf, wie setze ich meine Leute ein, welches Gelände eignet sich für welche Taktik? Diesen Fragen entsprechend stellen wir unsere Operationspläne auf. Marsch, Gefechtsarten, das Beziehen von Räumen (Anm. d. Autorin: Der Laie würde dies als ›Eroberung von Gebiet‹ bezeichnen), all das gehört zur Ausbildung dazu.«

Meine Fragen an Oberleutnant Kalkofen:

Muss man heute auch noch die Feindestaktik analysieren?

»Ja. Ich muss wissen, wie sind die gegliedert, was haben die für Waffen und Fahrzeuge. Jede Taktik hat Schwächen. Diese herauszufinden und sie sich zunutze zu machen, ist nach wie vor wichtig.«

Kann einen der Feind noch überraschen, oder ist schon alles durchgespielt?

»Überraschen kann er mit seiner Taktik oder Strategie. Was das Material anbelangt, sind wir informiert. Es gibt internationale Abkommen, in deren Rahmen jeder vertragsunterzeichnende Staat darlegen muss, was für Waffen und Fahrzeuge er besitzt. Diese Abkommen werden von einer unabhängigen Kommission überprüft. Für mich als Kompaniechef heißt das, dass ich zum Beispiel immer wissen muss, wo welche Panzer stehen. Die Kommission prüft unangekündigt.«

Machen die Soldaten immer nur, was Sie befehlen?

»Nein, das ist auch nicht erwünscht. Wir sind eine Armee mit Auftrags-, nicht mit Befehlstaktik. Das ist anders als zum Beispiel bei den Amerikanern, da befiehlt nur der Vorgesetzte. Unsere Soldaten erhalten einen Auftrag mit einem Ziel, in der Umsetzung haben sie einen gewissen Spielraum und freie Hand.«

Auf Anika Kalkofens Büroschreibtisch liegt ein *Handbuch für Übung und Einsatz*. Pflichtlektüre, sagt sie, gerade jetzt in der neuen Position müsse sie sich wieder in die Gefechtsarten einlesen. Ende Februar 2010 wird sie mit ihrer Kompanie und einer Panzerkompanie eine gemeinsame Gefechtsübung abhalten. »Da muss ich meinen Leuten klar sagen können, worauf sie zu achten haben.«

Das Fahrzeug der Panzergrenadiere ist der Marder, den es inzwischen in der dritten Generation gibt, 1A3 und 1A4 waren es vorher, und nun 1A5. Ab 2013 sollen die Marder durch den Puma ersetzt werden. »Sollen«, sagt Kalkofen betont, »es klappt aber alles noch nicht so, wie man sich das wünscht. Scheint, als sei da noch einiges verbesserungswürdig.« Doch der Marder, erläutert sie, sei nicht mehr ideal. »Er ist zu schwer für die Anforderungen, die an ihn gestellt werden. Man hat immer mehr Gewicht raufgepackt, weil man die Panzerung und die Technik im Inneren verbessert hat.«

Am späten Vormittag bricht Kalkofen zu ihrer Runde über das Kasernengelände auf. Hinter den Dienstgebäuden, unter einem Schleppdach, stehen die Panzer. Dort ist ein Dutzend junger Soldaten dabei, die Panzerketten zu säubern und Teile zu ersetzen. Als sie dazutritt, wird sie mit lässigem Respekt begrüßt, korrekt, aber nicht übertrieben. Freundlich erkundigt sie sich nach dem Stand der Arbeiten, richtet die eine oder andere fachliche Frage an die jungen Soldaten. Ein paar Hundert Meter weiter übt eine Teileinheit den Ein- und Ausbau der Waffen. »Worauf müssen Sie achten?«, fragt Kalkofen und ergänzt geduldig, wenn die Soldaten keine vollständige Antwort geben.

Ihr Vorgänger war ein Mann und älter als sie. Ist es schwer, nun als junge Frau in dessen Fußstapfen zu treten? »Mich lässt hier keiner spüren, dass er damit ein Problem hat. Wie die persönliche Wahrnehmung ist, das kann ich nicht beurteilen, ich kann die Gedanken nicht lesen. Mir wäre es lieber, jemand sagt mir ins Gesicht, dass es ihm Schwierigkeiten bereitet, eine Frau als Kompaniechefin zu haben, als dass er hinter meinem Rücken redet.«

Bis 2011 ist Kalkofen Kompaniechefin. Was danach kommt, weiß sie nicht. Wenn es nach ihr ginge, hätte sie danach gern einen Posten »auf dem man mich nicht vermissen würde, wenn ich mal ein Jahr nicht da wäre«. Eine Stabsstelle[23] möglichst, auch, um einmal die Seiten zu wechseln. »Über den Stab und die Ideen, die von dort weitergegeben werden, wird viel gelästert. Es wäre interessant, das von der anderen Seite zu erleben.«

Das »Nicht-vermisst-werden-Wollen« hat mit Familienplanung zu tun. Auch ihr Freund ist Oberleutnant, allerdings in einer Kaserne in Magdeburg. Beide haben an ihrem Standort ein Zimmer in einer Wohngemeinschaft, und auf der Hälfte der Strecke gibt es eine gemeinsame Wohnung. Sie möchten ein Kind.

2012 wird Anika Kalkofens Kompanie nach Afghanistan gehen. »Von Afghanistan würde ich mir einfach gern selbst ein Bild machen. Der Einsatz ist sicher kein Zuckerschlecken, aber das stört mich nicht. Ich stelle mir viel mehr die Frage, wie ich das verkrafte. Nicht den Einsatz selbst, sondern das, was man erlebt.«

Dieses Erleben und Verarbeiten würde Anika Kalkofen später unterstützen wollen. Ihr Karrierewunsch: ins Kriseninterventionsteam nach Koblenz, wo die psychologische Betreuung der Bundeswehrsoldaten stattfindet. »Ich hab mich schon im Studium für Psychologie interessiert. Ich merke in meiner Kompanie auch im alltäglichen Dienst, dass ich einen guten Draht zu den Leuten habe. Die Soldaten, die aus dem Einsatz kommen, die dürfen nicht alleingelassen werden.«

13

»Lieber eine Frau als eine Lücke«

Interview mit Oberstleutnant Dr. Hans-Günter Fröhling und Oberstleutnant Uwe Drews

Dr. Hans-Günter Fröhling (Jahrgang 1952) und Uwe Drews (Jahrgang 1954) sind Sozialwissenschaftler und Dozenten am Zentrum für Innere Führung der Bundeswehr in Koblenz. Dr. Fröhling ist zudem stellvertretender Abteilungsleiter im Bereich »Politische Bildung«.

Herr Dr. Fröhling, Herr Drews, wie war die Stimmung in der Bundeswehr, als die Entscheidung fiel, Frauen in allen Teilbereichen zuzulassen? Gab es mehr negative oder mehr positive Reaktionen?

Oberstleutnant Dr. Fröhling: Am 11. Januar 2000 war das Bundesministerium für Verteidigung durch das Urteil des Europäischen Gerichtshofs im Fall Tanja Kreil zunächst überrascht. Politische Leitung und militärische Führung der Bundeswehr waren auf dieses Ergebnis nicht eingestellt. Als sich die Bundeswehr für Frauen in allen Teilbereichen öffnete, herrschte so etwas wie eine »doppelte Schizophrenie«. Dieser Begriff wurde von der Militärsoziologin Anja Seiffert geprägt. Gemeint ist damit: Männer entscheiden sich für den Soldatenberuf, weil dieser ihnen eine typisch männliche Rolle ermöglicht. Gleichzeitig vertreten die Männer eine besonders rigide Auffassung dazu, was Frauen machen sollten, nämlich die drei K's: Kinder, Küche, Kirche.

Wie haben Sie diese Einstellung in den Griff bekommen?

Oberstleutnant Dr. Fröhling: Da waren in der Praxis natürlich Probleme vorhersehbar. Wir haben es richtig gemacht, indem wir gesagt haben, privat könnt ihr eure Einstellung behalten, aber innerhalb der Bundeswehr habt ihr den Auftrag, das mit der Integration der Frauen zu erfüllen. Es gab viele Gegner, bis hinein in die hohen Ränge. Da aber bereits 2001 aufgrund der demografischen Entwicklung klar war, dass sich zukünftig für die Bundeswehr Nachwuchsprobleme ergeben werden, konnte man immer sagen: »Willst du einen freien Dienstposten später lieber mit einer Lücke oder mit einer Frau besetzen?« Ich erinnere mich an einen Luftwaffengeneral, der große Sorge hatte, dass sich eine Hawaiiwelle von Frauen in seine Kampftruppen ergießen werde. Ich hab ihn beruhigt und gesagt, Frauen sind viel zu intelligent, um sich in diese Einsatzbereiche zu begeben. Und habe damit auch recht behalten.

Oberstleutnant Drews: Man darf an dieser Stelle nicht vergessen, es handelte sich um eine politische Entscheidung, die es umzusetzen galt, um keine Entscheidung der Bundeswehr. Mit militärischen Überlegungen hatte das alles erst einmal nichts zu tun, auch nicht mit Wehrgerechtigkeitsgründen, sondern es war ein Urteil zum Arbeitsrecht. Der darauffolgende Auftrag der Politik, nämlich Frauen jetzt zu integrieren, stellte die Bundeswehr recht plötzlich vor eine riesige Aufgabe. Wir mussten zusehen, was wir aus dieser politischen Entscheidung machen. Wir haben uns dann intensiv vorbereitet, indem wir Erfahrungen anderer Streitkräfte mit Frauenintegration ausgewertet haben und Arbeitspapiere erstellten.

Wer erstellte sie und was stand in diesen Arbeitspapieren?

Oberstleutnant Dr. Fröhling: Sie wurden vom Zentrum für Innere Führung erstellt, darin ging es um Ausbildung zur Integration von Frauen in den Streitkräften. Man hatte Sorge, den Auftrag der Integration nicht oder nicht gut genug zu erfüllen, deshalb waren wir sehr vorsichtig und sorgfältig in den Vorbereitungen. Wir konnten bei der Integrationsvorbereitung auf Studien der Amerikaner und der Länderpolizei zurückgreifen.

Wie sahen denn die Unterweisungen zur Vorbereitung aus?

Oberstleutnant Dr. Fröhling: Die militärischen Führer, die 2001 die ersten Frauen ausbilden sollten, wurden am Zentrum Innere Führung im Rahmen von Lehrgängen vorbereitet. Darüber hinaus haben wir dann eine Konzeption entwickelt, die zum Ziel hatte, Vorgesetzte und Lehrkräfte aller Ausbildungseinrichtungen in der Bundeswehr in Multiplikatorenseminaren so zu schulen, dass sie entsprechende Lehr- und Lernprozesse initiieren konnten. Im September 2001 hatten wir beispielsweise ein Seminar mit dem Titel: »Frauen führen anders.« Da ging es um weibliches Sozial- und Kommunikationsverhalten, auch um Themen wie Gender Mainstreaming, partnerschaftliches Handeln etc.

Ließ sich das alles so schnell umsetzen?

Oberstleutnant Drews: Vieles konnten wir auch schrittweise machen. Es gab ja keinen Ansturm von Frauen; wir konnten während des Integrationsprozesses Stück für Stück dazulernen. Bei manchem haben wir uns unnütz Gedanken gemacht, und andere kleine Dinge haben wir vorher nicht bedacht.

Warum waren die Vorbehalte gegen Frauen bei manchen so groß? Fürchteten diese Soldaten eine Verweichlichung der Bundeswehr oder einen Schaden für den militärischen Auftrag?

Oberstleutnant Drews: Die hat es auch gegeben, vor allem mit Blick auf die körperliche Leistungsfähigkeit der Frauen. Es ging aber in erster Linie um pragmatische Dinge, wie zum Beispiel, ob Frauen beim Biwak eigene Toiletten bräuchten und wie die Kasernen für getrennte Duschräume umzubauen seien. Und dann war da noch der Blick nach Amerika, wo es einige gravierende Fälle von sexueller Belästigung gab.

Anders als befürchtet ist sexuelle Belästigung bei der Bundeswehr nicht zu einem Problem geworden. Zumindest sind keine schwerwiegenden Fälle bekannt geworden.

Oberstleutnant Dr. Fröhling: Das ist richtig, wir hatten und haben, zahlenmäßig betrachtet, keine Probleme mit schweren Übergriffen, und das hat bei uns auch mit unserer Philosophie der Menschenführung zu tun. Im Jahr 2001 hatten wir noch einen rigiden Sexualitätserlass, das Verhalten zwischen Männern und Frauen bei der Bundeswehr war bis ins Kleinste geregelt. Heute sehen wir das recht entspannt. Auch ein homosexueller Soldat, vor zehn Jahren noch undenkbar, ist heute kein

Tabu mehr. Die Bundeswehr ist da im Einklang mit gesamtgesellschaftlichen Entwicklungen.

Und als dann die ersten Frauen in allen Streitkräften eintrafen? Ging das ohne Probleme?

Oberstleutnant Drews: Die erste Generation der Frauen war hoch motiviert, weil sie wusste, sie setzt die Maßstäbe. Und von Beginn an war es auch so, dass die Frauen keine Sonderrolle wollten. Oft haben sie sich darüber beklagt, dass ihnen die spezielle Aufmerksamkeit, die ihnen als Frauen zukommt, eher schade und unangenehm sei.

Und es ist ja nicht so, dass Frauen inzwischen tatsächlich in jede Nische vorgedrungen sind?

Oberstleutnant Dr. Fröhling: Frauen drängen nicht in die »Schlammzone«. Wie schon gesagt, dafür sind sie zu intelligent.

Oberstleutnant Drews: Für manche Position sind Frauen tatsächlich körperlich weniger geeignet. Unser Prinzip der Bedarfseignung und Leistung, das haben wir nie außer Kraft gesetzt, und das war richtig. Wenn einer eine Arbeit erfüllen will, dann muss er die psychische und physische Leistungsfähigkeit dazu haben, egal ob Mann oder Frau. Frauen haben eine sehr gute Selbsteinschätzung, und das ist vielleicht einer der Gründe, warum wir wenig Frauen haben, die an »vorderster Front« kämpfen.

Oberstleutnant Dr. Fröhling: Ich habe auch festgestellt, dass Frauen sich gedanklich auf ihren zukünftigen Beruf sehr gut vorbereiten. Dazu gehört, dass sie sich sehr differenziert mit ihrer künftigen Aufgabe auseinandersetzen und sich realistisch einschätzen. Männer sind da mitunter oberflächlicher. Die Bewerberinnen, die kommen, haben schon so manchen Wehrdienstberater nervlich stark gefordert. Sie stellen viele Fragen, die oft bis ins letzte Detail gehen. Frauen lassen sich nicht so leicht um den Finger wickeln, die sind skeptischer.

Frauen gehen also nicht zur Bundeswehr, weil sie das Soldatische gut finden, sondern weil sie einen sicheren Arbeitsplatz suchen?

Oberstleutnant Dr. Fröhling: Sicher gibt es Frauen, die der Soldatenberuf reizt. Für die Mehrzahl spielt das Militärische aber nicht die dominierende Rolle. Bei Männern ist das anders, die beschäftigen sich oft schon als Jungs mit »militärischen Dingen«. Da mag eine Rolle spielen, dass Männer wehrpflichtig sind und sich von daher schon früh mit der Bundeswehr auseinandersetzen. Frauen fragen eher, was kann ich persönlich bei der Bundeswehr machen. Für viele Frauen ist die Bundeswehr tatsächlich in erster Linie ein Arbeitsplatz, und sie stellen klare Überlegungen zur möglichen Karriere an.

Sind die Kritiker von damals heute still?

Oberstleutnant Dr. Fröhling: Die Bedenken von damals sind kein Thema mehr, die meisten Kritiker sind altersbedingt ohnehin weg. Heute ist die Haltung gegenüber Frauen in den Streitkräften ausgesprochen positiv.

Hat die Integration von Frauen die Bundeswehr zum Guten verändert?

Oberstleutnant Drews: Ja, das kann man sagen. Der Ton ist anders geworden, es gibt kaum noch sprachliche

Entgleisungen. Männer unter sich reden eben doch anders. Ganz pauschal kann man feststellen, dass Frauen zudem fleißiger, aufmerksamer und gewissenhafter als Männer sind, das hat einen positiven Gesamteffekt. Zudem gab es in der Bundeswehr viele eingetretene Pfade und festgefahrene Gedanken. Da haben die Öffnung aller Laufbahnen für Frauen sowie die politischen Veränderungen frischen Wind reingebracht.

Ist die Integration von Frauen in der Bundeswehr als Prozess abgeschlossen?

Oberstleutnant Dr. Fröhling: Die Fragen von damals, ob Frauen in die Bundeswehr integriert werden sollen und mit welchen Konsequenzen, die werden nicht mehr diskutiert. Frauen bei den Streitkräften sind inzwischen ein selbstverständliches Bild. Aber in der Zukunft werden laufbahnbedingt viele Frauen bei der Bundeswehr in Führungspositionen kommen. Die Integration ist also weiterhin im Fluss.

Werden Frauen anders führen als Männer?

Oberstleutnant Drews: In mancherlei Hinsicht wohl. Aber die Frauen müssen sich bewusst sein, dass sie Rahmenbedingungen nicht ändern können.

14

»Das ist hier ja auch kein Mädchenverein«

Sonja Cole, Hauptfeldwebel, Ausbilderin beim III. Luftwaffenausbildungsregiment in Germersheim

Sie sei Halbamerikanerin, hat sie am Telefon gesagt. Und scheue sich nicht, mit der Presse zu reden, sie sei schon mehrfach interviewt worden.

Die krausen Locken hat sie mit einem Tuch gebändigt. Sie ist korpulent, ihr Schritt fest. Hätte man nicht im Internet schon nach ihr gegoogelt und ihr Bild gesehen, man wäre überrascht. Sonja Cole hat dunkle Haut.

Auf dem Vorplatz des Hauptbahnhofs in Heidelberg hat sie lange warten müssen. Die eigene Bahn hatte Verspätung, Anschlusszüge waren fort, und das Treffen mit Sonja Cole findet mehr als eine Stunde nach der verabredeten Zeit statt. Sie blieb geduldig, ging einen Cheeseburger essen. Und steht einem nun mit einem skeptischen Gesicht gegenüber. Schnell ist klar, sie wird zurückhaltend bleiben, ihre Burschikosität lange vor sich hertragen.

Was dieses Thema eigentlich solle?, fragt sie. Warum Frauen bei der Bundeswehr noch immer von speziellem Interesse seien? »Wir machen doch inzwischen einen ganz normalen Job.«

Frauen wie Cole werden oft beschrieben mit dem

Satz, sie stünden ihren Mann – und das unterstellt, dieses Stehen wie ein Mann sei die allerhöchste aller Leistungen. Dabei steht Sonja Cole wie eine Frau, geht wie eine Frau, sie wiegt sich in den üppigen Hüften. Und sie lacht wie eine Frau, mit einem tiefen Ton zwar, aber mit diesem schnellen Glucksen aus dem Bauch, das sich steigert bis zu einem Klang, der in den Knochen vibriert.

Die neunundzwanzigjährige Sonja Cole hat eine weiße deutsche Mutter und einen afro-amerikanischen Vater. Im Vorfeld des Interviews also hat man sich Fragen überlegt, die um Integration und Akzeptanz kreisen, sich mit der Grenze der Toleranz bei der Bundeswehr beschäftigen. Immerhin gelten militärische Einrichtungen nicht als Musterbeispiel von multikultureller Einstellung, die diskriminierenden Vorfälle in der amerikanischen Armee haben oft genug auch die internationale Presse beschäftigt. Und in Deutschland? Da tut die Bundeswehr einerseits viel, um Integration zu fördern. Andererseits muss man sich nur an einem Freitagnachmittag in einen beliebigen Zug setzen und den Wehrpflichtigen zuhören, die auf dem Weg ins Wochenende sind. Möchte man eine Lektion in Frauen- und Fremdenfeindlichkeit bekommen, mitsamt platten Weisheiten und öden Stammtischwitzen, dann lernt man sie dort.

Wenn man Hauptfeldwebel Cole kennenlernt, werden Fragen zur Integration hinfällig. »Wenn ich was will und gut finde, dann mach ich es«, sagt sie. Und: »Wer mich kennt, der kommt mir auch nicht dumm.«

Sonja-Maria Cole, wie sie vollständig heißt, ist dabei, als die ersten Frauen in alle Bereiche der Bundeswehr dürfen. Es ist der 2. Januar 2001, 244 Soldatinnen treten mit ihr den Dienst in sämtlichen Teilstreitkräften der

Bundeswehr an. Manche, weil sie aus strukturschwachen Gegenden kommen und keine Arbeit finden. Andere, weil ihnen die Bundeswehr als sicherer Arbeitsplatz erscheint, sie darin eine Chance auf eine Karriere sehen. Viele aber sind dabei, die glauben, ein Abenteuerland öffne seine Pforten für sie. Dieses Niederreißen eines Tempels war eine Euphorie, die in Gesprächen mit Soldatinnen immer wieder durchklingt. Der Wunsch, die eigenen Grenzen zu erweitern und sich etwas zu beweisen, erfährt in der Erstürmung der Bundeswehr seine Erfüllung.

Dass diese Erstürmung inzwischen ihre Anerkennung bei den Männern findet, haben Befragungen und Interviews gezeigt. Nur jene, die eine frauenfreie Bundeswehr kannten, hatten Bedenken. Die jungen Soldaten, die mit den Frauen ihren Dienst bei der Bundeswehr antraten, stehen ihren Kameradinnen offen gegenüber. Eine Studie zeigt, dass die Integration von Frauen unter jungen Wehrpflichtigen als positiv empfunden wird – sowohl intern als auch bei der Außenwahrnehmung der Bundeswehr.[24]

Sonja Cole ist durch den Vater geprägt. Amerikanischer Soldat, der als Zivilangestellter für die US Army im Irak und in Afghanistan gearbeitet hat. Die harten Gegenden. Der Vater ist selten anwesend, das heranwachsende Kind schafft sich sein eigenes Männerbild. Als sie siebzehn ist, fängt sie an, beim SC Neugermersheim Rugby zu spielen, ist schon bald in der Nationalmannschaft der Frauen. Selbst wenn man keine Ahnung von Rugby hat, aber dennoch Sonja Cole nach ihrer Position fragt, womöglich eine Antwort erwartet wie »Stürmer, rechts außen oder Mittelfeld«, hört man an ihrem Ton, den sie anhebt, dass es etwas Besonderes ist.

»Prop«, sagt sie, und sie muss sich zurücknehmen, um nicht stolz über das ganze Gesicht zu grinsen. Bevor man nachschaut, im Lexikon, bei Wikipedia, weiß man schon, sie spielt irgendwo in der ersten Reihe. Dort, wo man sich mit Karacho in die Gegenmannschaft stürzt, den Weg frei macht, Haut und Knochen zu Markte trägt. Und so ist es auch.

Cole wurde in Deutschland geboren, besuchte aber die Grundschule in Clarksville, Tennessee. Dann der Umzug zurück nach Deutschland. Zunächst lebt das Mädchen bei der Großmutter, die Mutter kommt nach. Als Cole vierzehn Jahre alt ist, im Jahr 1994, besucht sie am »Tag der offenen Tür« das Marinefliegergeschwader 5 »Graf Zeppelin« in Nordholz und sagt sich: »Hier will ich auch hin.« – »Geht nicht«, lautet damals noch die Antwort. »Frauen können nicht zur Bundeswehr, jedenfalls nicht so, wie du es dir vorstellst.« Sonja Cole denkt: Dann gehe ich eben zur US Army.

Nach der Schule macht sie eine kaufmännische Lehre. Eher lustlos, eher nur, damit die Mutter zufrieden ist. 2000 bewirbt sie sich für die Unteroffizierslaufbahn bei der Bundeswehr. Ohne das Wissen der Mutter. Sie wird genommen, das Fernsehen zeigt eine kurze Dokumentation über die ersten Aspirantinnen an der Waffe. Sie ruft ihre Mutter an: »Mach mal den Fernseher an.«

Sonja Coles Mutter verstarb 2008 an Krebs, die Tochter hat sie bis zum Schluss gepflegt. Ein Bruch im Alltag. Dort die militärische Welt, in der sie Befehle erteilt, da die Mutter, die Sorge, Hingabe und Geduld braucht. Cole spaltet sich in eine befehlserteilende und eine sorgende Seite und nimmt die Pflege der Todkranken als Lebenslehre. »Äußere Selbstständigkeit hatte ich ja lange schon gelernt. In der Zeit habe ich mir auch eine innere Selbstständigkeit angeeignet.« Der Vater, eingesetzt in Afghanistan, kommt schließlich zurück. Als die Mutter stirbt, bittet er darum, nur noch in Deutschland eingesetzt zu werden, um sich um seine Tochter und seinen Sohn zu kümmern.

»Du verhältst dich nicht wie eine Frau, du bist nicht weiblich.« Solches hört Sonja Cole oft, seitdem sie bei der Bundeswehr unterschrieben hat. Als sie durch die Grundausbildung geht, als sei diese ein Kinderspiel, wird ihr von Mitrekruten unterstellt, arrogant zu sein. Sie sagt: »Es hat mich einfach nicht angestrengt.«

Zickenkampf bei der Bundeswehr? Viele der Frauen sehen in den »Püppchen«, den »Mäuschen« und den »Aufgetakelten«, die auch in den Streitkräften zu finden sind, Konkurrenz. Solches Wettbewerbsverhalten ist zwar in allen gesellschaftlichen Bereichen üblich, die Anwesenheit der »Püppchen« beim Militär aber löst bei Frauen wie Sonja Cole offenbar besonders negative Gefühle aus. »Frauen, die mit Handtäschchen zum Dienst kommen, die ihre Nägel nicht kurz halten, die Haare nicht wegbinden, mit denen kann ich nichts anfangen. Sie schaden den Frauen, die volle Leistung erbringen.« Es sei, sagt Cole, noch immer so, dass Frauen unterstellt würde, Rücksicht zu brauchen und nur aufgrund von Quotenregelung weiterzukommen.

Mit Männern, mit jenen Rekruten, die sie für künftige Aufgaben ausbildet, hat sie weniger Probleme. »Ich bin der Kumpeltyp. Ich erwarte von meinen Männern nichts, was ich nicht selbst gemacht habe.« Das ist Sonja Coles zentraler Satz. Treue, unverbrüchliche. Wenn ihre Rekruten marschieren, marschiert sie mit. Schläft mit ihnen in einem Zelt, teilt Essen und wärmendes Feuer. Manchmal herrschen minus 15 Grad. »Ich bin abgehärtet und abgebrüht«, sagt sie, und wieder ertönt ihr vibrierendes Lachen, als spiele sie dem Leben mit dieser Abgebrühtheit einen guten Streich.

Die Truppe als Pfadfinderidyll für Erwachsene. Vielleicht ein bisschen härter, doch ebenso verschworen in Ideologie und Sprache. Ein Geheimbund für Eingeweihte. Wer dazugehört, wird erhoben, noch mehr, wenn er seine Zugehörigkeit mit Opfern erkämpft. Die Grundausbildung, die Nachtmärsche als Initiationsritus für eine Welt der harten Männer. Sonja Cole geht es um Zugehörigkeit. Die gemeinsamen Qualen schaffen Gleichheit: Wenn alle Schmerzen im Rücken und in den Oberschenkeln haben, dann ist die Welt ein einig Ort. Doch wird mit gleicher Leistung eine Nivellierung zwischen den Geschlechtern geschaffen? Werden die Unterschiede, vor allem in der Verteilung von Macht und Einfluss, aufgehoben?

Cole wünscht sich, beides sein zu können. Ein Soldat, der für seine Leistung anerkannt wird, und einfach eine Frau. Als Mensch werde ich nicht wahrgenommen, denkt sie manchmal. Erst, wenn der Berufsalltag beiseitegeschoben, das Prinzip von Befehl und Gehorsam aufgebrochen wird, ändert sich die Betrachtung. Bei Truppenabenden zum Beispiel. »Da sagt dann schon mal einer zu mir, in der Ausbildung hätte er mich nicht abgekonnt, aber ich sei doch eigentlich ein prima Kumpel.«

Den »Kumpel« erst nach Feierabend zu zeigen, hängt mit Coles Aufgabe zusammen. Der größte Teil ihrer Männer fliegt früher oder später nach Afghanistan. »Wenn ich meine Männer ausbilde, dann geht es schließlich auch um deren Leben. Sie müssen gut genug vorbereitet sein.« Und so klingt es in der Sprache der Bundeswehr: »Ausgerichtet auf die vielfältigen Erfordernisse in streitkräftegemeinsamen und multinationalen Einsätzen, wird die lehrgangsgebundene allgemeinmilitärische einsatzvorbereitende Ausbildung in der Luftwaffe für alle Soldatinnen und Soldaten der Luftwaffe beim Ausbildungszentrum Grundlagenausbildung in der Luftwaffe (AusbZGdlgAusbLw) zentral durchgeführt. Das Ausbildungszentrum am Standort Germersheim untersteht dem Luftwaffenausbildungsregiment 3.«

Für Cole bedeutet ihr Job in erster Linie eine große Verantwortung. Um dieser gerecht zu werden, braucht es mitunter einen harten Ton.

Einmal ist sie einigen ihrer Männer nach Afghanistan hinterhergeflogen. Nur für ein paar Tage, nur um mal zu sehen, wie es ihnen da geht, unter welchen Umständen sie leben. Angst vor der Reise dorthin hatte sie nicht, »zerfetzte Soldaten« hatte sie schon bei einem Einsatz in Ramstein gesehen. »Dort kamen die verletzten amerikanischen Soldaten aus dem Irak an, das war eine Zwischenstation.« Auch ihren Soldaten bringt sie bei, keine Angst zu haben. »Die ist fehl am Platz.« Wer durch Sonja Coles Schule ist, den hält sie »für überall einsetzbar. Und ich bin es auch«.

Autoritätsprobleme hat Frau Hauptfeldwebel Cole nur noch selten. »Ich habe Jahre gebraucht, um Vertrauen aufzubauen.« Jahre, in denen sie blöde Sprüche überhörte, wieder und wieder ihre Kompetenz bewies, zeigte, wer der Boss ist. »Ich kenne viele, die sagen mir immer noch, sie mögen keine Frauen bei der Bundeswehr. Für mich gilt das nicht mehr. Ich stehe darüber. Ich bin die Cole.«

Spätestens da denkt man: Holla, bei dieser Frau möchte ich nicht Rekrut sein. Aber man denkt auch, wenn sie einen mag, dann geht sie für den wahrscheinlich durchs Feuer. Sie vereint in sich, was Hollywood als Grundmixtur gelungener Menschlichkeitsfilme braucht: Disziplin, Durchhaltevermögen, Treue und einen strengen Ehrenkodex.

Jedes Klischee bricht, wenn man es lange biegt. Auch das über Sonja Cole, die harte Frau in der Hauptfeldwebeluniform. Wenn sie ausgeht, dann trägt sie gern Stilettos. Sie liebt die Farbe Pink, pink ist ihr Handy, sind Schuhe, Ohrringe, aber auch ihre Feldtaschenlampe, ihre Feldtrinkflasche. Von ihren »Kameraden« hat sie ein Plakat bekommen, darauf sind Waffen in Pink mit dem Hello-Kitty-Emblem abgebildet. Ihr Fernsehkonsum besteht aus CSI-Serien oder Verfilmungen der Romane von Romantikautorin Rosamunde Pilcher. Dort ist die Welt in Gut und Böse aufgeteilt, am Ende siegen wahre Liebe und Moral. »Wir sind nicht alles harte Kämpfer«, sagt Cole dazu. »Wir haben auch unsere weiche Seite.«

Anfangs war Sonja Cole natürlich der bunte Hund. Nicht nur eine Frau. Eine schwarze Frau. Die Medien riefen bei ihr an, es wurde ihr schließlich zu viel, und sie lehnte Interviews ab. Was über den ersten Jahrgang der Soldatinnen gezeigt und erzählt wurde, empfand sie als verlogen. »Da wurde alles aufgebauscht. Manche Szenen wurden fünfmal gedreht. Mit der Wirklichkeit hatte das nichts zu tun. Die Medien taten so, als würden wir Frauen niedergemacht, das war und ist aber nicht so. Natürlich ist der Ton ruppig, aber das ist hier ja auch kein Mädchenverein.«

Nein, kein Mädchenverein. Wenn es einer wäre, Sonja

Cole wäre nicht dort. Die Mutter der Kompanie will sie noch werden. Die Position eines Kompaniefeldwebels ist Coles Hoffnung für ihre Laufbahn. Dreiunddreißig Jahre alt muss sie sein, um eine entsprechende Planstelle zu erhalten. Sie ist gut vorstellbar in dieser Position, sie wird es schaffen. »Ich bin glücklich mit dem Weg, den ich gegangen bin. Ich bin gern bei der Bundeswehr«, sagt sie. »Die Unteroffiziere sind das Rückgrat der Truppe.«

Und ja, sie habe sich verändert in den Jahren, die sie Soldatin ist. »Ich habe den ganzen Tag Männer um mich. Klar färbt das auf die eigene Verhaltensweise ab. Man wird härter, ruppiger, das Schamgefühl wird weniger.«

Cole ist bereits Berufssoldat. Eine Entscheidung, die sie ohne zu zögern traf. »Ich könnte mich mit dem Erlebten und Erreichten in einem zivilen Beruf nicht mehr wohlfühlen.« Das sagen viele der Frauen in den Streitkräften. Sie erklären es damit, dass die Bundeswehr eben spannender sei als das normale Leben. Doch zwischen den Zeilen spricht auch Angst vor der Welt außerhalb der militärischen Strukturen. Womöglich sind es nicht nur die Tapfersten, die zu den Soldaten gehen, sondern auch die Unsicheren und Verlorenen.

15

»Weiß jeder, wo sein Fallschirm liegt?«

Manuela Chardon, Hauptbootsmann, Überwasseroperator beim Marinefliegergeschwader 3 in Nordholz

SHD. So nennen sie dieses Land. Die Soldaten, wenn sie in der Lobby des Kempinski oder des Sheraton sitzen. Beim Bier auf der Veranda, wenn sie sich am Abend noch im Pool abkühlen. Wenn sie sagen: »Noch drei Wochen, dann bin ich hier raus.« Und der andere erwidert: »Du Glücklicher, ich hab noch acht Wochen.« Und ein Dritter sich freut, dass er übermorgen nach Mombasa fliegt, sich erholen kann im schönen Kenia, erholen von SHD. »Scheiß-Heiß-Djibouti«. Oder auf Englisch: »*Shitty Hotty Djibouti*«.

Djibouti liegt am Horn von Afrika, eingerahmt von Somalia, Äthiopien und dem Golf von Aden. Es ist das kleinste Land Afrikas. Und eines der heißesten. Trocken, staubig, mit wüstenähnlicher Landschaft, in der nur die Buschakazie richtig gedeiht. Eines dieser Länder, in denen man ums Verrecken nicht leben, nicht tot über dem Zaun hängen möchte. Wer in SHD landet, der zählt die Tage, vielleicht sogar die Stunden, bis er wieder nach Hause kann. Im Fall von Manuela Chardon sind es bei der Begegnung mit ihr noch sechzehn Tage.

Das Kempinski Djibouti, das übrigens den Beititel »Palace« trägt, also »Palace Kempinski Djibouti«, ist das teuerste Hotel Ostafrikas. Oder ganz Afrikas? Manuela Chardon wohnt im Sheraton von Djibouti-Stadt. Im Kempinski steigen die Ölmagnaten, die Heuschrecken und die Soldaten der Briten, Spanier und Schweden ab, außerdem der einzige Grieche, der das europäische Kontingent, also die militärischen Einheiten, dort unterstützt. Und amerikanische CIA-Agenten. So munkelt man jedenfalls in SHD. Drahtige Mittfünfziger, die zu alt sind, um als Soldat im Einsatz zu sein, und zu jung, um sich in Djibouti auf den Tod vorzubereiten. Einer dieser Männer saß an einem Abend an der Bar. »Benjamin«, sagte er. »Wie Benjamin Franklin.« Haha. Was er denn hier tue? »Privatier auf Urlaub.« In Djibouti? Nochmals Haha.

Also kurz, im Kempinski und Sheraton wohnen die Soldaten, deren Land in SHD keine eigene Militärbasis unterhält. Und das sind quasi alle. Außer den Amis und den Franzosen. Die Amis haben ein eigenes Camp, das sie nur verlassen, um mit überhöhter Geschwindigkeit durch die Straßen zu rasen, immer auf der Flucht vor Attentätern, Scharfschützen und ihrem schlechten Ruf. Die Franzosen haben ebenfalls ihre eigene Base inklusive Flughafen und außerdem noch die Kaserne der Fremdenlegion.

Djibouti ist eher eine aus militärischen und geostrategischen Prioritäten geschaffene Konstruktion denn ein Land. Einst streiften über den kargen Boden, der täglich von der Sonne zu harten, wasserlosen Schollen gebacken wird, die Nomaden der Assa und Ifar, die noch heute die beiden Ethnien Djiboutis bilden. Sie trieben ihr Vieh weit in die Gebiete der heutigen Staaten Somalia und

Äthiopien. Dann kamen die Weißen – und das war wie so oft in Afrika der Beginn eines großen Kuddelmuddels. Das Gebiet des heutigen Djibouti fiel unter die Herrschaft der Franzosen und hieß fortan »Französisch-Somaliland«. Die Italiener hatten Italienisch-Somaliland, die Engländer Englisch-Somaliland. Als sich diese beiden nach der Unabhängigkeit zu Somalia zusammenschlossen, wurde aus Französisch-Somaliland Djibouti. Weil dieses Djibouti am Golf von Aden liegt, der nach dem Bau des Suezkanals eine der wichtigsten Seehandelsstraßen der Welt wurde, ließen die Franzosen einige Soldaten dort. Und als die Amerikaner begannen, sich im Rahmen der Operation »Enduring Freedom« auf Terroristenjagd zu begeben, schien ihnen die Lage von Djibouti, vor allem dessen geschützter und gut ausgebauter Containerhafen, ein trefflicher Ort, um eine Base zu errichten, ein Camp anzulegen.

Die deutsche Marine kam 2002 als Unterstützung für »Enduring Freedom« nach Djiobouti. Sechs Jahre später kam als Aufgabe für die deutschen Soldaten die Teilnahme an »Atalanta« hinzu. Damals beschloss die Europäische Union, im Rahmen von »EU NAVFOR Somalia – Atalanta« (die Abkürzung NAVFOR steht für englisch »Naval Forces«, deutsch: Seestreitkräfte) mehrere Kriegsschiffe und Soldaten zur Bekämpfung der Piraterie vor die Küste Somalias zu entsenden. Die Mission begann am 8. Dezember 2008 mit französischen und britischen Schiffen, inzwischen sind fast alle westlichen EU-Staaten an der Operation des Marineverbands beteiligt. »Atalanta« war zunächst auf einen Zeitraum von zwölf Monaten begrenzt, wurde jedoch im November 2009 um ein weiteres Jahr verlängert.

Wer in der Lobby des Sheraton herumhängt, kann übrigens nicht geschildert werden, ganz gleich, ob es sich um CIA-Leute und andere James-Bond-Typen handelt. Im Sheraton sind Journalisten nämlich nicht mehr erwünscht, seit ein Krawallreporter 2008 dort ein Foto von Soldaten schoss, die sich am Abend im Pool abkühlten. Die Schlagzeile dazu lautete entsprechend: »Einsatz am Pool.«

Man war bei der Bundeswehr nicht begeistert.

Manuela Chardon ist dreißig Jahre alt und hat lange braune Haare. Nicht klein, nicht groß, nicht dick, nicht dünn. Gepflegte Fingernägel, durchsichtig lackiert, kaum Make-up. Eher still als laut, eher distanziert als aufdringlich. Hauptbootsmann bei der Marine. Das ist ihr Dienstgrad. Ihre genaue Bezeichnung: »EloKa-Meister«. EloKa heißt: »Elektronische Kampfführung«. Das bedeutet: Kampf ohne Waffen, aber mit Technologie. Sonar zum Beispiel. Chardons Position: Überwasseroperator an Bord der P3-C Orion, einem Seefernaufklärer. Dies ist ein Flugzeug, eine Propellermaschine mit Hightech an Bord zur Aufspürung von Bösewichten unter und über Wasser. Würde man es korrekt formulieren, dann würde man die Aufgabe dieser Seefernaufklärer (engl. *Maritime Patrol Aircraft*, MPA) als Ortung und Bekämpfung von U-Booten beschreiben. Mit weitreichenden elektronischen Sensoren können diese außerdem gegnerische Schiffe erkennen. Zudem können Seefernaufklärer mit Torpedos und Wasserbombern gegen U-Boote und mit Flugkörpern gegen Überwasserschiffe ausgerüstet sein.

Vier dieser Flugzeuge besitzt Deutschland. Und eines davon hat die Bundeswehr samt Crew nach Djibouti geschickt. Die P3-C samt Besatzung sind Teil von Deutschlands Beitrag zur Operation »Enduring Freedom« (OEF) und »Atalanta«.

Scherzhafte Frage, um zu verstehen, was Manuela Chardon mit ihren Sonarstrahlen genau macht: »Wenn es Gott gäbe, würde man ihn so finden? Würde er auf Wolke sieben durchsichtig werden und man könnte sehen, was er unter seinem weiten Gewand trägt?«

»Quatsch«, sagt Manuela Chardon.

Nun also die Erläuterung, wie sie mir ihr Kommandeur vorträgt: Chardon und die restliche Crew überfliegen jeden zweiten Tag den Golf von Aden. Mal im Auftrag von OEF, mal von »Atalanta«. »Doppelmissionierung« heißt das. Über mehr als tausend Kilometer erstreckt sich ihr Einsatzgebiet. Von Somalia bis zu den Seychellen. Durch den Golf fahren auf einer Art Schiffsautobahn mit dem Namen »International Recommended Transit Corridors« (IRTC) Öltanker, Handelsschiffe und Schiffe der Welthungerhilfe mit Lebensmitteln für Somalia. Diese Wasserfahrzuge werden von Piraten bedroht und brauchen Schutz. Dafür hat Europa Fregatten entsendet. Aber erst einmal müssen diese Piraten aufgespürt werden. Die kommen mit ihren kleinen Skiff-Booten, mit denen sie sich gut zwischen den Wellen verstecken können, und ehe man sie sicht, hangeln sie sich schon die Bordwand hoch. Die ersten Piraten waren somalische Fischer, die sich gegen das intensive Befischen der einheimischen Gewässer durch ausländische Fischereiflotten wehrten. Als sich deren Vorgehen als lukrativ erwies, begannen sich Geschäftemacher und Warlords in diesem Bereich zu engagieren. Sie unterstützten Piraten und teilten das üblicherweise gezahlte Lösegeld mit ihnen.

Aber durch Manuela Chardon und die deutsche P3-C wird das immer schwieriger. Mit den Geräten an Bord kann man nämlich Boote aus zehn Kilometer Entfernung mit hochsensorischen Kameras heranzoomen. So dicht, dass man sehen kann, wie viele Menschen sich auf dem Skiff befinden und ob eine lange Enterleiter und ein zusätzlicher Motor versteckt sind. Wenn nicht, handelt es sich wohl um harmlose Fischer, die es dort natürlich in großer Zahl gibt. Wenn ja, dann wahrscheinlich um Piraten. Keine Leiter = Kutter. Leiter = Bösewicht. Gut, dass wenigstens manches Entweder-Oder ist.

Jene Schiffe, die den IRTC entlangfahren, haben ein eigenes Identifikationssystem, eine Art Fingerabdruck. Die Informationen, die andere Schiffe und auch die Crew der P3-C empfangen können, geben Namen, Heimat- und Zielhafen sowie Ladung des Schiffes preis. Ist ein Schiff identifiziert, erhält es eine Markierung im Radarsystem, gleich einem PIN-Code. Auf diese Kennzeichnung haben auch die Flugzeuge der anderen Nationen Zugriff, so wie diese ihre identifizierten Schiffe ebenfalls ins System einspeisen. Außerdem halten alle stets Funkkontakt zueinander. »Das Zusammenspiel sämtlicher Nationen ist das Tolle an diesem Einsatz«, sagt Chardon. »Jede Nation steht hier für eine andere ein, jeder teilt seine Informationen mit den anderen«, sagt ihr Boss. Ein wenig ist es so, als arbeiteten mehrere Nationen an einem Puzzle, das, wenn es fertig ist, in einer Art Matrix den Schiffsverkehr auf dem IRTC abbildet. »Ziel ist die Vereitlung von Angriffen. Mit Erfolg. Als wir anfingen, waren noch elf Schiffe in der Hand von Piraten, jetzt sind es nur noch vier, und neue Entführungen gibt es nicht.« Das sagt ebenfalls Chardons Chef.

In Djibouti erfüllen die Bundeswehrsoldaten mit parlamentarischem Segen eines ihrer aktivsten Mandate. Es ist keine passive Überwachung des Friedens wie im Kosovo. Kein humanitärer Einsatz wie in Afghanistan. Handfeste Kriegsführung eigentlich. Die Soldaten dürfen Geiseln auf gekaperten Schiffen befreien, im Ernstfall Spezialkräfte aus Deutschland anfordern. Die eingesetzten Fregatten dürfen zudem gegen jene Mutterschiffe vorgehen, die die jetzt stärker organisierten Piraten als Basis für ihre weiteren Angriffe mit den kleineren Schnellbooten dienen.

So weit also die Theorie. Und die Praxis?

Djibouti, 2.30 Uhr am Morgen. 34 Grad Celsius, 80 Prozent Luftfeuchtigkeit. Stehende Brühe, nicht einmal der Golf von Tadjoura, die Meerenge, die in den Golf von Aden übergeht und die das Land in zwei Hälften schneidet, schickt eine kühlende Brise. Die »Base Arienne« ist gerade genügend erleuchtet, um nicht völlig den Weg unter den Füßen zu verlieren. Sie gehört den Franzosen, ist eigentlich deren militärischer Luftstützpunkt. Doch »Atalanta« ist eine EU-Operation, und also starten von dort auch die P3-C Orions der Deutschen sowie die der Spanier. Chardon findet, die deutsche Maschine ist viel hübscher als die spanische P3-C Orion. Glänzender und gepflegter. Hier muss man einfügen, dass die Orion für Laien wie eine gewöhnliche Propellermaschine aussieht, Männer, Flieger und Luftfahrzeugexperten bei der Erwähnung dieses Flugzeugs jedoch glänzende Augen bekommen, ähnlich wie Oldtimerfans bei einem Mercedes 300 SC Roadster. Chardon und mit ihr die anderen haben so etwas wie ein intimes Verhältnis zu dem Ding. Man kennt sich eben nach den vielen gemeinsamen Stunden.

Zwei müde Soldaten kontrollieren die Ausweise, und von irgendwo aus dem spärlichen Lichterbrei von Djibouti-Stadt zieht Holzfeuergeruch auf. An der P3-C macht sich bereits die Technikcrew zu schaffen. Die externe Klimaanlage, die – solange der Motor nicht läuft – das Flugzeuginnere und die empfindlichen Messgeräte kühlt, dröhnt ohrenbetäubend durch die Nachtstille. Die Flugcrew, elf junge Männer und Manuela Chardon als einzige Frau, hat sich noch zur Einsatzbesprechung in eines der Containergebäude zurückgezogen.

Passagiere an Bord, also zum Beispiel ich, die mitfliegende Autorin, erhalten in der Zwischenzeit eine Einweisung in Rettungsmaßnahmen, lernen, wie die Schwimmweste, der Fallschirm anzulegen sind. Mit vielen Schnallen und Gurten beides. Völlig für die Katz, diese Einweisung, denn ehe man sich erinnert, an welchem Straps man ziehen muss, um zu überleben, liegt man bereits auf dem Grund des Meeres. Besser nicht darüber nachdenken. »Wir haben öfter mal Schmorbrände an Bord«, sagt Manuela Chardon, die wieder aufgetaucht ist. »Die Technik ist einfach hochempfindlich.« Beruhigend.

Die P3-C, nicht nur Seefernaufklärer, sondern auch U-Boot-Jäger, wurde in den Sechzigerjahren in den Vereinigten Staaten gebaut und für die US-Marine eingesetzt. Die deutsche Marine hat diese und drei weitere Flugzeuge vor einigen Jahren den Holländern abgekauft. Stationiert sind die Maschinen und ihre Besatzung in Nordholz in der niedersächsischen Heide. Seit ihrem Einsatz für die Amerikaner ist die Maschine mehrfach umgebaut und aufgerüstet worden. Modernere Aufklärungstechnik, als die P3-C sie besitzt, gibt es kaum. Sagt die Bundeswehr. Man selbst könnte das nicht beurteilen. Ein Computer ist ein Computer ist ein Computer.

3.03 Uhr, 36 Grad. Der französischen Wache am Schlagbaum fällt immer wieder der Kopf auf die Brust. Chardon trinkt die erste von vielen Colas dieses Tages. Gähnt. »Müdigkeit ist das Grundgefühl hier in Djibouti.« Dieser Nachtflug wird ihr siebenunddreißigster Flug innerhalb von zehn Wochen sein, insgesamt dreihundert Stunden war sie bislang in der Luft. In Deutschland, in Nordholz, darf sie alle paar Monate mal fliegen. »Das ist das Tolle am Auslandseinsatz, dass man so viel Flugerfahrungen sammeln und sein Wissen praktisch anwenden kann.«

Sieben Flüge hat sie noch vor sich, dann darf sie nach Hause. Die P3-C auch. Deutschlands Beigabe zu den Missionen wird den Winter 2009 über eine dritte Fregatte sein, der Seefernaufklärer wird erst im Frühjahr 2010 zurückkehren.

4.30 Uhr. Alle an Bord. Im Flugzeug riecht es wie in einer Schulturnhalle. Nach altem Schweiß und Desinfektionsmittel. Manuela Chardon zählt die Rettungswesten, die Überlebensinseln, die Fallschirme. »Weiß jeder, wo seiner liegt?«, fragt sie. Erklärt noch einmal die Alarmtöne für die Notwässerung, Fachbegriff: »Ditching«. Und der Fallschirmabsprung, Fachbegriff: »Bailout«. Die Crew nickt. Chardon zurrt alle Befestigungsgurte nach. Hektik. Was lose herumliegt, wird verstaut, die Messgeräte sind hochgefahren. Grüne und blaue Lichter blitzen durch das Flugzeuginnere, ein bisschen sieht es aus wie das *Raumschiff Enterprise.* Eine Seekarte liegt auf dem Boden der Maschine, und der Tactical Coordinator, kurz Taco genannt, gibt die Mission bekannt, die Flugroute. »Heute fliegen wir Atalanta«, sagt er. Das heißt: zehn Stunden Flug über den Golf von Aden, entlang des IRTC, dann die Küste des Jemen hinunter und zurück zu Somalias Ufern. Flughöhe: circa dreitausend Meter. Besondere Aufgabe heute: »Der Hubschrauber der französischen Fregatte *Lafayette* braucht ein Ersatzteil. Das haben wir an Bord und werden es abwerfen.«

5.00 Uhr. Pünktlich wird die P3-C Orion auf das Rollfeld gefahren. Der Pilot gibt über den Bordlautsprecher lauter Anweisungen durch, die für den Laien unverständlich klingen. Er sieht übrigens ebenfalls so aus, als entstamme er der Besatzung von *Raumschiff Enterprise*. Der Co-Pilot ist furchtbar attraktiv. Später wird Manuela Chardon erzählen, wie achtsam man im Einsatz sein muss, damit niemand etwas in den falschen Hals bekommt. »Besser ist es, den Kameraden gegenüber einfach nur neutral zu sein, sonst wird einem gleich ein Verhältnis angedichtet. Liebesbeziehungen sind nicht verboten und kommen auch bisweilen vor. Nur oft genug vergisst der Mann zu erzählen, dass er zu Hause in festen Händen ist. Das soll mir nicht passieren.«

5:10 Uhr. Die Maschine hebt mit großem Lärm ab. Auf einer Tafel stehen die Namen aller an Bord, daneben der Platz, auf dem sie zum Start und zur Landung sitzen. Die meisten an ihrem Arbeitsplatz, die restlichen Passagiere – ich, der zuständige Presseoffizier, ein Vorbote des nächsten Flugteams – auf dem Fußboden. Jeder Platznummer ist eine Rettungsinsel, eine Rettungsweste, ein Fallschirm zugeteilt. Lufthansa-Starts sind bequemer, weniger Magenschütteln. Nein, die Blöße, nun zu spucken, wird man sich nicht geben. Irgendwann ist die Maschine in der Luft.

Sicher hat man keine Stewardess erwartet. Aber auch keine gestandenen Soldaten, die nach dem Start Kaffee kochen und das Frühstück servieren, belegte Baguettebrote. Und alles sofort wieder wegpacken. Zack, zack, jeder Handgriff sitzt, die kleine Arbeitsfläche ist gleich darauf krümelfrei und die Kaffeemaschine sauber und gesichert. Da wird einem klar, welchen guten Einfluss die Bundeswehr auf Männer hat. Nach dem Frühstück kriecht die Sonne wie bestellt am Himmel hoch.

6.00 Uhr. Manuela Chardon sitzt am Fenster und starrt auf die Wasseroberfläche. Zwei Stunden lang. Danach wird sie an ihren Computer wechseln. »Ich kann durch das Fenster mehr sehen als die Radaroperatoren. Aber gegen die Müdigkeit anzukämpfen, ist am Bullauge hart.«

Um gleich die Wahrheit zu sagen: Bei Bond sieht das anders aus. Mit der P3-C gibt es keine schnellen Sinkflüge auf verdächtige Schiffe, keine wilden Verfolgungsjagden, keine Schießereien aus allen Torpedorohren. Verdächtige Skiffs werden mit einer dreilinsigen Kamera – eine Linse für Infrarot, zwei Linsen für einen fernsehbildartigen Nacht- und Weitbereich – auf den Bildschirm geholt, nach schon genannten Maßstäben untersucht. Einmal merkt ein Besatzungsmitglied eines dieser Schnellboote, dass das Flugzeug ihm folgt, und er verkriecht sich unter einer Plane. »Vielleicht ein Menschenschmuggler«, sagt Chardon und zoomt das Skiff wieder von ihrem Bildschirm fort. »Keine Leiter. Keine zusätzlichen Außenbordmotoren, keine Reservekanister für Benzin. Ein Pirat ist das jedenfalls nicht.«

Piraterie am Horn von Afrika ist kein neues Geschäft. Bis 2000 konzentrierten sich die Angriffe auf das Rote

Meer, doch in den Jahren danach verlagerten sie sich in den Golf von Aden. Spätestens seit der Entführung des Hamburger Containerschiffs *Hansa Stavanger* im Seegebiet zwischen dem Horn von Afrika und Madagaskar im April 2009 ist die Piraterie kein Problem mehr, das nur Afrika angeht. Deutschlands Einsatz am Horn ist dank »Atalanta« eine Erfolgsgeschichte und macht im Stolzgefühl der Bundeswehr die ständigen Schlappen und Horrormeldungen aus Afghanistan wieder wett. »Wir sehen bei uns Ergebnisse. Ich schau mir an, was wir so machen, auch das Zusammenspiel der Nationen, und denke jedes Mal, wow, du gehörst dazu. Unsere Arbeit zeigt Früchte.«

Einige Tage nach dem beschriebenen Flug wird die Fregatte *Augsburg* mit einem Warnschuss einen Angriff auf ein Handelsschiff abwehren. Und auch die *Rheinland-Pfalz* und die *Mecklenburg-Vorpommern* hatten in den Monaten zuvor schon Erfolge eingeheimst, als sie vor der Küste des Jemen Angriffe vereitelten.

Um 7.35 Uhr sichtet der Pilot die *Lafayette* und verlässt seine Flughöhe. Die Mannschaft legt die Rettungswesten an, sollte bei der niedrigen Flughöhe etwas passieren, bliebe dazu keine Zeit mehr. Dreißig Meter über der Wasseroberfläche wird das Schott der P3-C geöffnet. Ein angeseilter Soldat lehnt sich hinaus und wirft das Ersatzteil mit einem winzigen Fallschirm ab. Eine Viertelstunde später funkt der Kommandant des Schiffes seinen Dank, das Flugzeug ist da lange wieder auf Flughöhe.

Gegen Mittag haben Chardon und ihre Kameraden um die zwanzig verdächtige Schiffe überprüft, andere identifiziert und markiert. Über Kanal 16, den Emergency-Kanal, können Schiffe um Hilfe rufen. Die Crew der P3-C steht zudem in Kontakt mit dem Maritime Security

Center, einer Operationszentrale für die gesamte Mission. Die Funkverbindung wird zu einer Art Musik, ein stetes Summen und Murmeln zieht durch das Flugzeug, begleitet von den Lichtern, die die Geräte aussenden. Auch Manuela Chardon hat jetzt keine Zeit mehr zum Plaudern. Mit schnellen Fingern fährt sie über die Knöpfe, kontrolliert drei Bildschirme gleichzeitig. Doch unter den »Verdächtigen« ist kein Pirat.

Punkt zwölf Uhr reicht die »Küchencrew« Hotdogs. Das Flugzeug fliegt ruhig, zur einen Seite sieht man die Küste Somalias. »Wir haben bei Hilfsorganisationen angefragt, wo wir im Ernstfall runtergehen können«, sagt Chardon und schaut skeptisch auf die trockene braune Landschaft. »Aber wenn ich ehrlich bin, würde ich lieber über See als in Somalia abstürzen.«

Dabei habe sie, wenn sie sich dieses öde Land so ansehe, eigentlich Mitleid mit den Piraten, jedenfalls die der ersten Stunde, die armen Fischer, die durch Raubüberfälle auf Schiffe ihre Familien ernährten. »Die Generation der heutigen Piraten, das sind dann schon eher organisierte und mit besten Waffen ausgerüstete Kriminelle. Die Kritik an ›Atalanta‹ ist, dass die Ursachen der Piraterie, das Chaos und die Armut in Somalia nicht bekämpft werden, aber das ist schließlich die Aufgabe der Politik.«

»Überleben See«, »Überleben Krieg« und »Überleben Frieden«, das sind drei Lehrgänge, die Manuela Chardon vor ihrem Einsatz bestehen musste. In Wildflecken, in der südlichen Rhön, beim Heer hat sie zudem Extremsituationen geübt. Simulierten Häuserkampf in Afghanistan, Bombenentschärfung, das Überqueren von Minenfeldern. Die 1978 in Bremerhaven gebürtige Tochter eines U-Boot-Fahrers und einer Zivilangestellten machte erst eine Ausbildung zur Industriekauffrau. Dann wurde ihr mit Blick auf die Zukunft mulmig. »Ich wollte nicht mein Leben lang Rechnungen schreiben, ich wollte noch Abenteuer und Abwechslung.« Aus der Idee, zum Bundeswehr-Sanitätsdienst zu gehen, wurde nichts, da es zu viele Bewerbungen gab.

Also wurde es 2001 die Marine. Weil es in der Kaserne, in der Chardon die Grundausbildung absolvierte, noch keine Damenschlafräume gab, stand ihr Bett in einem Büro. »Der Ausbilder hat gesagt, er will uns nicht in Unterwäsche über den Flur laufen sehen. Dabei hat er einen ganz roten Kopf bekommen. Und dann wurden Grillabende veranstaltet, damit die Frauen der Soldaten uns auch mal zu sehen bekamen. Die haben wohl gedacht, wir nehmen ihnen jetzt die Männer weg.«

Weil sie annahm, bei der Bundeswehr dürfe sie nicht allzu weiblich sein, schnitt sich Chardon damals die Haare ab. »In meinem Zug war noch eine andere Frau. Ein Meter achtzig groß und lange blonde Haare. Na, die hab ich geliebt«, sagt sie ironisch. Trotz oder wegen kurzer Haare wurde sie in Rekordzeit zur Frau Hauptbootsmann befördert. Wie sie sich erinnert, nicht gerade zur Freude der älteren Herren bei der Marine, die dem schnellen Aufstieg der Frauen skeptisch gegenüberstanden.

13.30 Uhr. Der Kommandant ruft einzelne Mitglieder der Mannschaft zu sich und verleiht ihnen eine Einsatzmedaille. Eine Überraschung für die Crew. Von der Auszeichnung haben sie gewusst, nicht aber vom Zeitpunkt der Verleihung. Feierliche Stimmung kommt bei siebenhundert Stundenkilometer Fluggeschwindigkeit in drei Kilometer Höhe nicht auf. »Im Namen der Bundesrepublik Deutschland verleihe ich Frau Hauptbootsmann Manuela Chardon für die Teilnahme am Auslandseinsatz der Bundeswehr im Rahmen der Beteiligung an der EU-Mission ›Atalanta‹ zur Bekämpfung der Piraterie die Einsatzmedaille der Bundeswehr in Bronze.« – »Danke«, sagt Manuela Chardon, es folgt ein schnelles Händeschütteln, und schon sitzt sie wieder an ihren Geräten.

14.03 Uhr. Die P3-C nähert sich Djibouti. Von oben betrachtet sieht das Land nicht viel anders als Somalia aus, braun und öde wirkt es auch. Selbst aus geringer Höhe sind kaum Dörfer zu sehen, nur leeres Land. Djibouti ist so groß wie ein mittleres deutsches Bundesland. Selbst die Hauptstadt besteht aus nicht viel mehr als ein paar Straßen, einem Basar, einem Containerhafen und den Militärbasen. Gleich einem Ring legt sich der Müll um die Stadt, auf ausgeschlachteten Autowracks liegen die Kadaver von Dromedaren, und der Gestank der brennenden Müllkippen ist unerträglich. Nicht einmal billig leben kann man dort, in Djibouti-Stadt schon gar nicht. Die Waren sind aus Äthiopien importiert, werden den langen Weg über schlechte Landstraßen mit Lastwagen transportiert. Eine Ananas kostet mehr als bei Lidl. Ein Gesundheits- und Sozialsystem sind nicht vorhanden, die hohe Landflucht hat um die Hauptstadt einen breiten Slumgürtel gelegt, in dem zwar kein Hunger, aber Mangelernährung herrscht. Die Saudis investieren in Moscheen, die Chinesen in Immobilien, in Industrie und in den Hafen. »Die Stadt bietet einem nichts«, sagt Chardon.

14.12 Uhr. An Bord erneut Hektik. Die Männer saugen Staub und machen sich dabei den Außensog zunutze. Das Rohr des Staubsaugers wird einfach durch einen schmalen Kanal im Flugzeugboden geschoben. Wieder muss alles verstaut sein. Der Co-Pilot desinfiziert das Klo. Um 14.21 Uhr landet die Maschine, in Windeseile ist alles von Bord geräumt, was von Bord muss. Auch der Kommandant fasst mit an. »Wir haben mit dem Normal-Soldatischen, wenn man es so nennen kann, wenig zu tun. Als Marineflieger an Bord arbeiten wir im Team. Eine Hierarchie, Befehle und Gehorsam, das ginge mit uns gar nicht, weil jeder von uns ein Fachmann ist. Während eines Fluges sind wir gleichgestellt«, sagt Chardon. Anschließend entschwindet sie zur Nachbesprechung mit der Crew. Um 15.30 Uhr verlassen alle den Flughafen. Im Hotel wird es noch ein gemeinsames Bier geben, dann ist Schluss für den Tag.

Chardon hat nach ihren fast drei Monaten Einsatz außer dem Flugplatz, der Innenstadt und dem Basar von Djibouti-Stadt noch nichts von dem Land gesehen. »Hey, Soldat«, möchte man fragen, »lockt es dich nicht hinaus in die Weite Afrikas?« Und fragt es auch. Oder so ähnlich. Die Antwort: Man sei dazu zu erschöpft. »Fliegen, ins Hotel, Klimaanlage an, duschen. An den Pool, zehn Minuten auf den Liegestuhl, zehn Minuten schwimmen. Essen. Schlafen. Dann wieder fliegen. Mehr ist nicht drin.«

Zwar gibt es auch in Djibouti ein Begleitprogramm für Soldaten – Ausflüge zu den Salzseen, Tauchen, ein Inselbesuch –, aber alles bleibt der Pflicht untergeordnet. Freizeit existiert nicht. Wenigstens nicht in diesem Wortlaut. Wie für vieles, hat die Bundeswehr auch dafür einen eigenen Begriff: »Dienstzeitunterbrechung«. Oder: »Ruhezeiten«. Soll bedeuten: Ein Soldat muss theoretisch in der Lage sein, innerhalb weniger Minuten aus dem Pool oder aus dem Bett herauszuhüpfen und anzutreten.

Die Distanz des Soldaten zum Land ist von der Bundeswehr aus Sicherheitsgründen auch gewollt. Die Anweisung im Umgang mit Einheimischen lautet: freundlich, aber distanziert. Dass ein Soldat durch Annahme von Gastfreundschaft zu Gegenleistungen verpflichtet werden könnte, ist dabei die kleinste Gefahr. In Djibouti fürchtet man stärker die Abwerbung durch Personen wie Benjamin Franklin und andere Agenten verschiedener Geheimdienste. Welche? Militärisches Geheimnis. Die Antworten, wer wen um welche Informationen anzapfen könnte, bleiben vage.

Wenn Chardon ihr Zimmer und das Hotel verlässt, dann, um in die Saftbar oder in ein Restaurant zu gehen. Die Saftbar ist, nun ja, eine Straßenklitsche. Wenig charmante Garagenbetonarchitektur, wie sie in Djibouti-Stadt vorherrscht, ein paar wackelige Tische mit Stühlen. Rauchen darf man dort noch, der Freiheit von Marlboro und Co. sind in ganz Djibouti keine Grenzen gesetzt. Nur auf dem Flughafen ist das Rauchen nicht erlaubt, aber der ist auch ohne Klimaanlage. Und wer sich dort eine Zigarette anzündet, der muss eine Kondition wie ein Elefant haben. Denn der Flughafen von Djibouti ist scheiß-heiß wie das Land.

Zurück zur Saftbar. Die meisten Tische sind bevölkert mit niedlichen kleinen Kindern in niedlicher Kleidung und ihren fröhlich im Gespräch zwitschernden Müttern. Manche der französischen Soldaten sind drei Jahre im Einsatzland und haben ihre Familien mitgebracht. Man möchte gern wissen, wie die Ehefrauen dieser Männer es schaffen, die Tage dieser drei Jahre herumzubekommen.

Am Mittag sieht man sie im Fitnessraum des Kempinski, am späteren Nachmittag am Pool und dann eben abends an der Saftbar, danach bringen sie die Kinder ins Bett und erwachen am anderen Morgen zu einem weiteren Tag.

Der Saft schmeckt lecker. Frisch gepresst, ein Glas für drei Euro, ein Djibouti-Tageslohn. Zigaretten erhält man für einen Euro. Und die fliegenden Händler, die einem an den Fersen kleben, bieten außer importiertem Kunsthandwerk aus Kenia auch kleine Feuerzeuge. An denen ist noch ein kleines Lämpchen, und wenn man das anschaltet und den Strahl auf die Tischfläche hält, erscheint das Gesicht von Osama bin Laden, Che Guevara oder der Körper einer nackten Frau.

Außerdem verkaufen sie Postkarten von Djibouti-Stadt um 1920.

Aber irgendein Amüsement muss es doch geben, Pflicht hin, Müdigkeit her? Manuela Chardon überlegt. »Einmal waren wir am Franzosenstrand.« Franzosenstrand? »Da, wo die Ausländer baden gehen. Dann gibt es noch den Einheimischenstrand, den nennen wir ›Snickersstrand‹. Es gibt keine Toiletten dort. Die Einheimischen machen ins Wasser – und das schwimmt dann da herum wie kleine Snickers. Wir haben eine Wette laufen, wer sich traut, mit offenem Mund da einmal schwimmen zu gehen. Hat noch keiner eingelöst.« Ach so.

Und essen gehen? Ja, sagt sie. »Ins ›Meltin Pott‹.« Da gebe es Dromedarfleisch. Würde sie aber nicht essen, im Ausland lebe sie aus Sicherheitsgründen vegetarisch. Einmal an Fleisch den Magen verdorben und die Crew sei aufgeschmissen. Und mehr? Nun, sagt sie, sie lerne gerade das Skatspiel.

Gut zwei Wochen nach dem gemeinsamen Flug wird Manuela Chardon nach Hause zurückkehren. Freuen tut sie sich auf folgende Dinge, und zwar in dieser Reihenfolge: Einfach nur ich sein. Die Wohnung. Den Hund. Frische Luft. Nicht die Djibouti-Stickigkeit. Herbstregen. Winterkälte. Selbst kochen.

Ein Mann in ihrem Leben? Chardon grinst. »Nö.« Wegen der Auslandseinsätze? »Auch. Als Soldatin ist es schwer, einen Partner zu finden. Ich verdiene viel. Ich besitze eine Eigentumswohnung. Ich leiste Männerarbeit. Männern fällt es nicht leicht, damit umzugehen. Sie halten einen für eine Emanze. Oder sie denken, man hat die Riesenauswahl und alle schon durch. Schwierig, oder?«

16

Traumaerlebnis Krieg: »Als könnte es ein Abschied für immer sein«

Als am 17. Oktober 2006 der achtundzwanzigjährige ehemalige US-Soldat Zakery Bowen seine Freundin Addie Hall erwürgte, ihre Leiche mehrfach sexuell missbrauchte, dann zerstückelte und kochte, beschrieb die amerikanische Presse den Mörder als psychisch schwer gestört. Bowen habe nach seinen Einsätzen im Irak und im Kosovo unter einer posttraumatischen Belastungsstörung, kurz PTBS, gelitten.

Zack Bowen war für die US-Medien und die Öffentlichkeit kein Unbekannter. 2005, nachdem der Hurrikan »Katrina« durch New Orleans getobt war, wurden Bowen und Hall als frischgebackenes Liebespaar bekannt. Inmitten der Katastrophe hatten sie sich kennengelernt, und als die Rettungsmannschaften kamen, wollten sie nicht evakuiert werden. Die *New York Times* berichtete über das junge keimende Glück im Unglück – vierzehn Monate später war das neue Liebespaar tot.

Bowen war 2004 aus der US-Armee entlassen worden und jobbte fortan in New Orleans als Barmann. Der Krieg aber ging in seinem Kopf weiter, immer wieder wurde er von Angst, Aggressionen und Depressionen befallen. Doch erst zwei Jahre nach seiner Rückkehr gewannen die inneren Dämonen die Oberhand, und Bowen wurde zum Killer. Nach dem Mord an seiner Freundin sprang er von einem Hochhausdach in den Freitod.

Jeder dritte Irak-Heimkehrer, gab damals das amerikanische Verteidigungsministerium bekannt, suche binnen eines Jahres nach der Rückkehr in die Staaten psychologische Hilfe, bei zwölf Prozent der Heimkehrer würden schwere psychische Probleme diagnostiziert. Internationale Studien gehen davon aus, dass die PTBS-Rate unter Irak-Heimkehrern höher ist, bei etwa 30 Prozent liegt. 2008 und 2009 verloren die Amerikaner mehr Soldaten durch Suizid als durch die Kriege, die das Land führt.

PTBS wird definiert als Reaktion auf ein außergewöhnlich belastendes Erlebnis, in der sich die Betroffenen einer großen Bedrohung oder einer Katastrophe ausgesetzt sahen. Das Erfahrene und die damit verbundene Angst und Wut werden im Kopf des Patienten immer wieder erlebt, in sogenannten Flashbacks fühlt sich der Betroffene zurück in die furchtbare Situation versetzt. Oberfeldarzt Dr. Peter Zimmermann, Experte für Psychiatrie und Psychologie am Bundeswehrkrankenhaus in Berlin, nennt als Auslöser ein schreckliches Erlebnis von außergewöhnlich belastendem Ausmaß. »Aber nicht jede Einsatzfolgestörungen ist PTBS.« Die Symptome für eine posttraumatische Störung sind vielfältig. Sie reichen von schweren Aggressionen und Gewalttätigkeit, Isolation, Launenhaftigkeit über Essstörungen, Herzrasen, Angstanfälle, Zittern bis zu Vergesslichkeit, Gleichgültigkeit, Unsicherheit und Ruhelosigkeit.

Zum Zeitpunkt des Bowen-Falls waren Traumatisierungen bei deutschen Soldaten kein Thema. Die Zahl jener, die nach einem Auslandseinsatz unter PTBS litten, war erstaunlich niedrig. Lediglich 55 Soldaten, gab die Bundeswehr damals an, seien in psychologischer Behandlung. Gemessen an der Zahl der Soldaten in Auslandseinsätzen, insgesamt 62 000, eine verschwindende Größe. 2007 suchten aber bereits 130 Soldaten psychologische Hilfe, 2008 waren es 226 und im Frühjahr 2009 äußerte sich der damalige Verteidigungsminister Franz Josef Jung diesbezüglich »besorgt«.[25]

Wenn man bei der Bundeswehr und auch in der Öffentlichkeit von PTBS bei Soldaten spricht, geht es bislang um Männer. In Interviews mit und in Reportagen über traumatisierte Soldaten, sogar in Fernsehspielen über Rückkehrer aus Afghanistan, die ihren Alltag nicht wieder auf die Reihe bekommen, sind die Protagonisten stets männlich. Wie viele der oben genannten PTBS-diagnostizierten Soldaten weiblich sind, darüber äußert sich die Bundeswehr nicht.

Bedauerlicherweise gibt es bislang in Deutschland keine Untersuchungen zur speziellen Situation traumatisierter Frauen in der Bundeswehr – sofern es denn eine spezielle Situation ist. In Studien über US-Veteraninnen, meistens Rückkehrerinnen aus dem Irakkrieg, wurde festgestellt: PTBS-betroffene Frauen leiden vor allem darunter, keinen Trost für das Erlebte zu erfahren, weil ihnen abgesprochen wird, wirklich am Kampf beteiligt gewesen zu sein.

Patricia Resick, Direktorin der Abteilung für Frauengesundheit in dem Nationalen Zentrum für posttraumatische Belastungen, einer Unterabteilung des US-Veteranenministeriums, sagte in einem Interview mit der *Welt*: »... nachdem sie im Krieg wichtige Aufgaben erfüllt haben, schlägt Frauen mit PTBS zu Hause oft altmodische Ignoranz entgegen: Freunde, die sie nicht als ›echte Soldaten‹ anerkennen, Ehemänner, die ihr Ausweichen vor Intimitäten nur schwer tolerieren, und eine Gesellschaft, die von ihnen erwartet, weibliche Umsorger zu sein, statt selbst umsorgt werden zu müssen.«[26]

Auch Dr. Zimmermann hält Frauen in Einsätzen für psychisch gefährdeter. »Es gibt Untersuchungen, dass Frauen grundsätzlich vulnerabler sind und damit anfälliger für PTBS. Es kann aber auch sein, dass Frauen sich eher dazu bekennen. Eine andere Erklärung ist, dass Frauen ein anderes Hormongleichgewicht als Männer haben, und PTBS hat viel mit Stoffwechsel zu tun.«

In einem wissenschaftlichen Aufsatz über Soldatinnen im Zweiten Weltkrieg wurden unter anderem die Reaktionen von Wehrmachtshelferinnen untersucht. Der Beitrag hat zur Prämisse, dass der Kombattantenstatus von Frauen in modernen Genderstudien als Emanzipation verstanden wird, kommt aber zu dem Fazit: »Je näher die Frauen dem bewaffneten Kampf gekommen waren, desto weniger konnten sie ihre oft traumatischen Erfahrungen als Emanzipation verstehen ...«[27]

Noch während des Ersten Weltkriegs galten Soldaten mit psychischen Störungen als Drückeberger und wurden mit Elektroschocks behandelt. Nach dem Zweiten Weltkrieg erhielten die überlebenden Soldaten keine psychologische Unterstützung, sondern wurden mit ihren Erinnerungen alleingelassen, zudem als schuldig gebrandmarkt. Vom Wahnsinn im Kopf und der Leere in der Seele schrieb eindringlich der Schriftsteller Wolfgang Borchart in seinem Heimkehrerroman *Draußen vor der Tür*. Borchards Protagonist gelingt es nach der Rückkehr aus dem Krieg nicht, sich wieder in eine Gesellschaft zu integrieren, die der Zukunft zugewandt war und vom Elend des Krieges nichts mehr wissen wollte.

Wer aus Auslandseinsätzen der Bundeswehr zurückkehrte und das Gefühl hatte, »draußen vor der Tür« zu stehen, dem blieb in den vergangenen Jahren oft nur der Ausstieg aus dem System. So wie der Soldatin Jacqueline Czok, die im Kosovo eingesetzt war und unter anderem ein Massengrab mit Frauen und Kindern bewachen sowie den damals dort erschossenen *stern*-Reporter Gabriel Grüner bergen musste. Czok fand nach ihrer Rückkehr niemanden, der ihr helfen konnte oder überhaupt erkannt hätte, dass die junge Frau an PTBS litt. Sie verließ die Bundeswehr und wurde der bislang einzige öffentlich bekannte Fall einer traumatisierten Soldatin.

Als Reaktion auf die steigende Zahl so erkrankter Soldaten forderte im Jahr 2009 der Bundeswehrverband bessere und schnellere Betreuung für an PTBS leidende Soldaten, unter anderem Telefonberater, an die sich Soldaten anonym wenden können. Im Sommer 2009 beschloss die Regierung die Schaffung eines Kompetenz- und Forschungszentrums zur Behandlung traumatisierter Soldaten. Angesichts der steigenden Zahlen getöteter Soldaten und der sich verschlechternden Situation in Afghanistan wurde das Unwort »Handlungsbedarf« bemüht. Denn auch die Bundespsychotherapeutenkammer hatte die Bundeswehr für ihre Sorglosigkeit gegenüber den psychischen Problemen der heimkehrenden Soldaten gerügt. Ihr Präsident bemängelte, die Bundeswehr nehme diese nicht ernst genug. Lediglich zweiundzwanzig von vierzig Facharztstellen für Psychiatrie seien im Sanitätsdienst besetzt. »Ja, das ist richtig, wir haben Nachwuchssorgen an den Bundeswehrkrankenhäusern«, sagt Dr. Zimmermann dazu. »Aber wir arbeiten daran, schnell eine ausreichende Rundumversorgung sicherzustellen.«

Lediglich ein Prozent der heimkehrenden deutschen Soldaten sollen laut Statistik unter psychischen Problemen leiden. In anderen Armeen, in der schwedischen oder der französischen etwa, sind es laut Untersuchungen der jeweiligen Sanitätsdienste drei bis vier Prozent. Nun ist kaum anzunehmen, deutsche Soldaten seien seelisch robuster oder ihre Aufgaben in multinationalen Einsätzen weniger gefährlich. Dr. Zimmermann glaubt, eine Dunkelziffer sei möglich, müsse aber nicht der Fall sein. »Wenn sich jetzt mehr Soldaten mit einsatzbedingten psychischen Folgen melden, dann kann das auch daran liegen, dass das Problem bekannter geworden und die gesellschaftliche Akzeptanz gestiegen ist.« Anders als in Amerika, so glaubt Zimmermann, gäbe es in Deutschland allgemein eine geringe Akzeptanz für PTBS. »Das gilt auch für andere Bereiche der psychischen Erkrankungen. In den Staaten wird da mehr geforscht und auch offener darüber gesprochen.«

Ausschlaggebend für die Zahlen sei auch, wie eine Studie erstellt werde. »Wir haben bislang nur eine Statistik darüber, wie viele Soldaten sich in Behandlung begeben haben, wir haben keine Studie darüber, wie viele betroffen sind. Wenn die Zahlen steigen, dann sagt das nur etwas darüber aus, dass mehr in Behandlung kommen.«

Medien und Politik haben Kritik an der Bundeswehr geübt, dort habe man zu spät auf die Gefahr der Traumatisierungen reagiert. Dr. Peter Zimmermann kann diese nicht teilen: »Solche Auslandseinsätze, die zu psychischen Störungen führen, also Einsätze mit Kampfhandlungen, haben wir ja erst seit maximal zwei Jahren. Vorher hatten wir Peacekeeping-Einsätze. Im klinischen Alltag hatten wir da keinen Druck, es gab keine Fälle mit PTBS-Störungen. Erst jetzt, wo es zu Kampfhandlungen kommt, ist definitiv spürbar, dass da ein Problem vorhanden ist.«

Die Anonymität, in der verbleiben zu dürfen der Bundeswehrverband für seine Soldaten fordert, ist symptomatischer Ausdruck für die Situation der von PTBS betroffenen Soldaten. Neben dem Mangel an Behandlungsmöglichkeiten ist es vor allem das Selbstbild der Soldaten, das einem Heilungsprozess im Weg steht. Ein Soldat ist nicht traumatisiert! Ein Soldat hat seine Gefühle im Griff! Ein Soldat weint nicht! Gestählt durch Jahrhunderte militärischer Disziplin haben solche Parolen bis heute überleben können und blockieren, wenn jemand eigentlich Hilfe suchen möchte. Dazu Dr. Zimmermann: »Das Männlichkeitsbild ist ein Teil des Problems, das gibt es in jedem hierarchischen System. Hinzu kommt Angst vor Karrierenachteilen, die sich in der Realität aber als unhaltbar erweisen. Ein dritter Grund für das Schweigen über die Krankheit kann das Trauma selbst sein. Wer ein stark traumatisiertes Bild im Kopf hat, hat auch ein gestörtes Sprachzentrum und kann einfach nicht darüber reden.«

In den Achtzigerjahren wurden posttraumatische Störungen als eine Krankheit erkannt und Behandlungsmethoden erforscht. Unter der Internetadresse www.angriff-auf-die-seele.de veröffentlicht die Bundeswehr inzwischen für ihre Soldaten und Soldatinnen Informationen zu PTBS sowie über Hilfsangebote. »Soldaten, die in den Einsatz gehen, sind besonderen psychischen Belastungen ausgesetzt. Sie betreten fremdes Terrain, müssen auf gewohnte Annehmlichkeiten verzichten, sind für Monate von Familie und Freunden getrennt, leben in ständiger Sorge um Leib und Leben. Manchmal wird das Erlebte zu viel für die Seele«, heißt es da. Den Soldaten wird zudem empfohlen, ihre privaten Angelegenheiten zu regeln. »Es heißt Abschied zu nehmen, als könnte es ein Abschied für immer sein – vom Partner, der Familie, Freunden, von Lebensgewohnheiten, an die vielleicht nach dem Einsatz nicht mehr angeknüpft werden kann.«

Mittlerweile hat die Bundeswehr ein Rahmenkonzept zur Bewältigung psychischer Belastungen von Soldaten erarbeitet. Eine Kombination aus psychologischem, sozialem und Sanitätsdienst sowie Seelsorge soll früh- oder rechtzeitige Hilfe für Soldaten gewährleisten.

Wichtig, so Dr. Zimmermann, sei auch die Einsatzvor- sowie -nachbereitung. »Es gibt eine allgemeine militärische Vorbereitung. Diese ist sehr intensiv und hat psychisch einen positiven Effekt, weil ein Gefühl von Sicherheit entsteht. Es gibt situationsvorbereitende Rollenspiele, in denen kritische Situationen geübt werden. Die Soldaten werden zudem aufgeklärt, was es an psychischen Reaktionen geben kann. Zudem werden für jeden Soldaten Einsatznachbereitungsseminare abgehalten, das ist ein flächendeckendes Muss. Man kommt für drei Tage in ziviler Umgebung zusammen, meist ist das ein Hotel, und verabschiedet sich vom Einsatz. Es gibt dann Gruppengespräche mit geschulten Moderatoren. Wenn einer auffällig ist, dann erkennen diese das.«

PTBS, versichert der Bundeswehrarzt weiter, sei eine

schwerwiegende Störung, dennoch heilbar. »Den krankhaften Teil, den können Ärzte heilen. Je nach dem einzelnen Menschen geht es bei manchen schneller als bei anderen. Der eine braucht nur drei Sitzungen, der andere Monate. Was aber bleibt, ist eine Narbe, die auch weiterhin schmerzen kann. Man kann dem Menschen die schlimme Lebenserfahrung nicht nehmen, was man aber machen kann, ist, ihn dahin zu führen, dass er es als Lebenserfahrung nimmt, an der er auch reifen und stärker werden kann.«

17

»Auf See sind wir eine Gemeinschaft«

Maria Schönefeld, Oberbootsmann beim Marinestützpunkt in Wilhelmshaven, zurzeit auf der Fregatte Hamburg

Im Marinehafen der Stadt Wilhelmshaven liegt, was man gern als Stolz der Marine bezeichnet: das Fregattengeschwader. An diesem Spätsommertag 2009 scheint die Sonne und bringt nicht nur das Wasser zum Glitzern, selbst die mausgrau gestrichenen Kriegsschiffe werden in ein Licht getaucht, das ihnen jede Bedrohlichkeit nimmt. Gerade ist die Fregatte *Rheinland-Pfalz* nach sieben Monaten im Einsatz für die Antipiraterie-Mission »Atalanta« im Golf von Aden zurückgekehrt. Die *Brandenburg* und die *Bremen* operieren dort noch, die Fregatte *Schleswig-Holstein* wiederum sichert für den Einsatz UNIFIL (United Nations Interim Force in Lebanon) die Seegewässer vor der libanesischen Küste, im Heimathafen liegen die *Hamburg, Hessen, Rheinland-Pfalz, Bayern, Niedersachsen* und *Augsburg*.

Gerüchteweise und mit einem Augenzwinkern will der Presseoffizier des Marinegeschwaders in Wilhelmshaven, Korvettenkapitän Christoph Kohlmorgen, gehört haben, die Fregatte *Hamburg* sei die modernste der Welt. Sicher aber sei sie das modernste Kriegsschiff Europas,

Deutschlands ohnehin. Maria Schönefeld nickt zustimmend, ja, ja klar, was Moderneres kann sie sich kaum vorstellen.

Oberbootsmann Schönefeld ist kein Laie. Vielleicht muss es auch heißen, keine Laiin, aber dann müsste es auch Oberbootsfrau heißen – und schon ist man wieder bei der Diskussion um Gleichberechtigung und Sprache.

Frau Oberbootsmann Schönefeld wurde in Dessau geboren, ist vierundzwanzig Jahre alt und fährt seit mehr als drei Jahren auf Deutschlands Marinefregatten. Sie war auf diesen schon in Dubai und in Djibouti. Die eine war die Fregatte *Sachsen*, die andere die *Bremen*, und beide Schiffe kennt sie nach vielen Monaten auf See so gut wie die berühmte Westentasche. Ebenso lange ist sie daran gewöhnt, in Vier-Kojen-Kabinen zu schlafen und das Private auf ein Minimum zu reduzieren.

Wenn Maria Schönefeld an Bord arbeitet, geht es um elektronische Kriegsführung, um feindliche Radarsignale und um die Wahrung der eigenen Sicherheit. Wäre sie von einem Schriftsteller erdacht, hätte Schönefeld eine eiskalte Aura. Die wirkliche Maria ist ein Mädchen – große Augen in einem kindlichen Gesicht, unprätentiös und unverbraucht.

Für Kinoglamour wäre auf den Fregatten ohnehin kein Platz. Der Einsatz auf den Schiffen ist harte Arbeit. Wenn Schönefeld die Radarwellen an ihrem Computer ausgewertet, die Informationen aufgearbeitet und an die richtigen Stellen weitergegeben hat, wenn sie dann endlich mal in die Messe gehen könnte, gibt es oft genug Manöverübungen, in denen der Ernstfall simuliert wird: Da brennt das Schiff, ist ein Mann über Bord, greift ein feindliches Boot an, nähert sich ein Flugzeug in unguter

Absicht, müssen Kommunikation und Interaktion des Schiffsverbands geübt werden. Die *Hamburg* ist eine Drei-Wachen-Fregatte, das heißt, jede Position an Bord ist dreifach besetzt.

Die acht Stunden ihres Dienstes verbringt Schönefeld im Herzen des Schiffes, in der Operationszentrale (OPZ) vor ihrem Bildschirm. Den zusätzlichen Borddienst, den jeder Soldat neben seiner eigentlichen Aufgabe noch zu erledigen hat und der dazu dient, die Fregatte am Laufen und sauber zu halten oder Manöver zu fahren, erledigt sie auf dem ganzen Schiff. An schweren Tagen kann das bedeuten, dass sie neben ihrem eigentlichen Job noch weitere acht Stunden arbeitet. »Zum Beispiel wird in den Häfen der Proviant auch nachts verladen. Da müssen dann die Frauen genauso ran. Verladen Sie mal dreißig Schweinehälften!«

»Wenig Schlaf, viel Arbeit«, so Schönefelds Zusammenfassung ihrer Zeit auf See. Aber auch: viel Kameradschaft, viel Zusammenhalt. Alles unter erschwerten Bedingungen. Neben den Vier-Mann-Kajüten bedeutet das kleine Duschen, keine Privatsphäre, eine große Mannschaft auf den Fregatten, die sich zusammenraufen muss. »Für lange Konflikte ist an Bord kein Platz. Man muss sich hinsetzen und die Dinge aussprechen, dann muss wieder gut sein.«

Maria Schönefeld ist im Operationsbereich eingesetzt und dort in der Untergruppe Elektronische Kampfführung, kurz EloKa. Sie ist an Bord die Meisterin, genauer gesagt: EloKa-Meisterin. Ihr Arbeitsplatz: ein Raum mit Dutzenden von Bildschirmen und Konsolen, und alles, was hier an Informationen aufläuft, fällt unter den Begriff »geheim«. Das Geheimnis, welches Oberbootsmann

Schönefeld zu wahren hat, ist ein technisches und steht im Zusammenhang mit der Auswertung elektromagnetischer Emissionen. Was sie macht, ist also weniger Grund zum Stillschweigen, sondern eher, wie sie es macht. Anhand der Radarwellenlängen und anhand anderer Faktoren, die unter das Stillschweigeabkommen fallen, kann sie Schiffe identifizieren. Es sei, erklärt sie, ungefähr so, als höre man auf der Straße ein Fahrzeug und wisse anhand des Geräusches, ob es sich um ein Moped, ein Motorrad, einen Personenkraftwagen, einen Lastwagen oder einen Trecker handle. Nur höre sie eben kein Geräusch, sondern werfe einen Blick auf die Emissionen.

Für ihre Arbeit steht Schönefeld eine Datenbank zur Verfügung, in die sie ihrerseits Schiffe einträgt, deren Radarfingerabdruck sie identifiziert hat. Was herauskommt, ist eine Art Schiffspass, aus dem auch hervorgeht, ob es sich um ein Schiff handelt, das die Weltmeere in feindlich-terroristischer oder friedlicher Absicht durchkreuzt. Und auch wenn die Datenbank internationales Gut ist, die Technik, die hinter dieser Radarentzifferung steht, hat jede Staatsmacht für sich entwickelt, und natürlich würden, sagen wir mal, die Amerikaner oder die Russen, die Iraner oder sogar die Nordkoreaner gern wissen, welcher militärischer Erfindungen sich Maria Schönefeld bedient.

Was man wahrnimmt, wenn man als Zivilist auf das Schiff kommt, und was, wenn man dort Soldat ist und arbeitet, sind zwei verschiedene Dinge. Man denkt, so ein Schiff würde man sich nicht antun wollen für das Ich, nicht die Schlaflosigkeit, die Enge, den Mangel an Raum. Die *Hamburg* ist für den Blick des Laien ein kaltes Konstrukt aus Stahl und Stiegen, aus Schotten und Gängen, ein stählerner Mutterleib.

Maria Schönefeld aber sagt: »Das Schiff ist auf See ein Zuhause. Ich kenne keine andere Situation, in der es so viel Kameradschaft und Miteinander gibt.«

An Deck riecht es nach Diesel, im Inneren nach Farbe und jener Luft, wie nur Klimaanlagen sie schaffen können; es ist ein Geruch, der sich kühl auf die Lungen legt und im Mund ein wenig bitter schmeckt. Wenn das Schiff fährt, stampfen die Maschinen, die Schritte auf den Eisentreppen hallen, die Schotten schließen nie leise.

»Das ist nur zu Anfang laut«, erklärt Frau Oberbootsmann. »Nach ein paar Tagen hört man das Geräusch nicht mehr.«

Vielleicht ist die Fregatte eine Matrix, in der es Aufgaben, Hierarchien und Befehle gibt, der Mensch nach Pflichten und Verwendung katalogisiert, das Sein dem Tun untergeordnet ist?

Maria Schönefeld meint dagegen: »Auf See sind wir eine Gemeinschaft. Da reden wir viel, sitzen zusammen, man lernt sich gut kennen, so gut, dass man weiß, wie der andere tickt, welche Schwächen er auch hat.«

Rettungswesten, Atemschutzmasken, Feuerlöscher – das sind auf diesem Schiff alles Dinge, die einen Zweck, keine zierende Funktion erfüllen. Selbst die Kabinen sind kahl, die Schlafkojen abgedeckt mit einer bundeswehreigenen Wolldecke, die Spinde ordentlich geschlossen, die Körbe, die am Fuß des Bettes für Bücher und andere private Dinge hängen, tagsüber leer geräumt.

»Wenn Sie einmal erlebt hätten, wie einem die Sachen um die Ohren fliegen können, dann würden Sie diese penible Ordnung verstehen!«

Wer hier ein Mensch ist – lässt der seine Sehnsüchte, seine Hoffnungen, seine Launen zurück an Land? Oder verbirgt er sie tief in sich? Erlaubt das Schiff eine Geschichte, lässt es Biografien zu? Oder wird, wer auf der *Hamburg* in See sticht, anonym, verblasst hinter Dienstgrad und der Aufgabe, die ihm angetragen ist?

»Unsinn. Man nimmt sich nur ein wenig zurück und zeigt keine Launen. Aber das Miteinander ist toll, und natürlich kann hier jeder auch Mensch sein.«

Die *Hamburg* ist Teil des 2. Fregattengeschwaders der Marine. 29 Knoten Höchstgeschwindigkeit, 255 Mann Stammbesatzung, 5600 Tonnen Verdrängung, 143 Meter lang, 17,4 Meter breit. Bezeichnet wird sie als Mehrzweckfregatte, was so viel bedeutet wie: immer und überall, zu jedem marinemilitärischen Zweck einsetzbar. Respekt, womöglich sogar Furcht einflößend thront ein 76-Millimeter-Geschützturm am Bug. Geht die Fregatte auf See, stehen in ihrem Hangar noch zwei Bordhubschrauber, zudem ist sie neben dem gewaltigen Buggeschoss mit einem Marineleichtgeschütz von 27 Millimetern ausgestattet.

Es gab, sagt Sprecher Kohlmorgen, mal eine Zeit, in der man die Geschützrohre veraltet fand. Seit die Fregatten aber gegen Piraten vorgehen, sind imposante Geschützrohre wieder *en vogue.* »Niemand bleibt unbeeindruckt, wenn man das Rohr auf ihn richtet.« Und sollte das an Einschüchterung nicht reichen, starteten die Bordhubschrauber zur Unterstützung bei der Bekämpfung von anderen Schiffen oder U-Booten. Als »ein besonders vielseitiges und durchsetzungsfähiges Seekriegsmittel« bezeichnet die Bundeswehr in ihrer Flottenwerbung diesen Fregattentyp.

Braucht das Land also solche Fregatten, solche Technik? Fast zwei Jahrzehnte nach dem Ende des Kalten

Krieges und nach vielen Beteuerungen, die deutsche Bundeswehr sei lediglich Teil eines Verteidigungsbündnisses? Selbst die neuen Aufgaben des Militärs in Betracht ziehend, zu denen die Eindämmung des sich ausbreitenden Seeterrorismus gehört, auch die immer bessere Aufrüstung der Piraten heranziehend, die ihrerseits über moderne Technik verfügen, bleibt bei dem staunenden Besucher dieser Schiffe die Frage bestehen, warum diese Fregatten auch für den Fall offensiver Kriegsführung ausgerüstet sind.

»Die Marine nimmt innerhalb der Bundeswehr eine wichtige Stellung ein«, so die öffentliche Selbstdarstellung dieser Teilstreitkraft. Denn immerhin seien 70 Prozent der Erdoberfläche von Wasser bedeckt, zwei Drittel der Weltbevölkerung leben in Küstennähe. 90 Prozent des gesamten Welthandels, 95 Prozent des Außenhandels der Europäischen Union würden über den Seeweg abgewickelt, vor allem Rohstoffe erreichen die europäischen Küsten über das Wasser. Ergo: kein DVD-Spieler, kein Mobiltelefon, keine Turnschuhe und kein Kaffee ohne den Seehandel. »Die Marine hat eine besondere Verantwortung. Sie stellt die benötigten maritimen Fähigkeiten zum Schutz der Seewege bereit. Hierzu gehören Seeraumüberwachung, die Abwehr von Seeminen und Unterseebooten, aber auch die terroristischen Bedrohungen, einschließlich der Unterstützung der Polizei von Bund und Ländern.«

Und doch: In allem Eifern nach militärischer Pflichterfüllung, in allem Bewusstsein für die gestellten Aufgaben bleibt auch an Bord eines solchen Stahlkolosses, bleibt auch im militärischen Alltag ein Rest purer Emotionen. Hinter dem Kojenvorhang, in der kleinen Privatsphäre, schleicht sich draußen auf der weiten See oder im fremden Hafen Heimweh herein. Maria Schönefeld kennt Sehnsuchtsanwandlungen. »Meist nach kleinen Dingen. Das eigene Bett, selbst kochen, Döner essen, Freunde, Familie, Alltagsnormalität.«

Drei Monate, vier Monate, gar ein halbes Jahr auf See, das sei schon eine lange Zeit. Wie erschreckt über diese Worte, die man ihr im Mund umdrehen oder falsch auslegen kann, schiebt sie rasch hinterher, das hieße nicht, sie mache ihre Arbeit an Bord nur widerwillig. »Ich fahre wirklich gern zur See.« Und es sei auch so: Wenn man den Abschied von der Familie hinter sich habe, wenn am Ufer das letzte Winken erlahmt ist und die Pier aus dem Blick gerate, wenn die Fregatte endlich auf See sei und jeder sich an seine Aufgaben mache, dann sei das der Beginn eines großen Abenteuers. Wie auch umgekehrt die Stimmung an Bord ganz besonders sei, wenn der Einsatz beendet und das Schiff sich auf die Rückfahrt mache, wenn man wisse, noch vierzehn Tage bis zum Heimathafen. »Und mit jeder Seemeile das Zuhause näher rückt.«

Eigentlich wollte Maria Schönefeld Offizier werden, aber dann schaffte sie das Abitur nicht und bewarb sich für die Feldwebellaufbahn. Und eigentlich wollte sie zu den Rettungssanitätern, Rettungsassistentin werden, aber im Zentrum für Nachwuchsgewinnung überredete man sie dazu, sich auf elektronische Kampfführung zu spezialisieren. Schönefeld zögerte erst. »Ich bin ein Teamplayer, keine Einzelkämpferin.« Aber der Job klang spannend – und eben auch ein wenig nach Geheimnis.

Im Juli 2004 trat sie ihre Grundausbildung an, 2006 fuhr sie bereits auf der Fregatte *Sachsen*, danach ein halbes Jahr im Golf von Aden auf der *Bremen*. An Bord der

Sachsen sowie der *Hamburg* nahm sie an einer Ausbildung mit anderen Fregatten im südenglischen Plymouth teil. Und da die Briten nicht nur einen speziellen Humor, sondern auch ein positives Verhältnis zu Schlachten haben, wurde jeden Donnerstag Krieg geprobt. »Das war der *weekly war*, da wurde im Verband gemeinsam geübt.«

Der Alltag an Bord der *Bremen* während des Einsatzes für die Operation »Enduring Freedom« (OEF) sei eine harte Zeit gewesen. Das »allzeit bereit« zehrte an den Kräften, wer in Djibouti an Land ging, der fand nicht wirklich Erholung. »Viel Müll, Hitze, Menschen, die einem ständig etwas verkaufen wollten.« Von den 230 Mann Besatzung waren nur zwölf Frauen. Das Zusammenraufen der Mannschaft, die Einsätze draußen auf See, das erforderte Teamgeist. »Das geht alles nur, wenn man möglichst unkompliziert ist und auch mal einen rauen Ton abkann.«

Ein Entkommen bot nur der »*Liberty Port*«. Ein Begriff, der an die Zeiten der Auswanderung nach Amerika erinnert, als Ellis Island, die Einwanderinsel im Hudson River, die das Tor in die Freiheit war. Die Freiheit, die hier gemeint ist, ist die des Individuums, das nicht mehr Teil einer Einheit, Teil der deutschen Marine ist, sondern einfach ein Mensch auf Urlaub. Maria Schönefelds *Liberty Port* während des Einsatzes für OEF – und der aller anderen Soldaten auf den Schiffen in dieser Region – ist Dubai. Dorthin werden auf Kosten der Bundeswehr auch die angetrauten Partner geflogen, die nicht angetrauten tragen die Kosten des Tickets alleine. Eine Regelung, die Korvettenkapitän Kohlmorgen als etwas verstaubt beschreibt, die aber dennoch keine Probleme mache. »Wer auf einer Fregatte der Marine zur See fährt, der verdient nicht schlecht, und die Kosten für ein Ticket des Liebsten oder der Liebsten zum nächsten *Liberty Port* sind wirklich locker zu tragen.«

Wie die meisten, die sich dem unsteten Soldatenleben bei der Marine verschrieben haben, kann auch Maria Schönefeld sich keinen *Nine-to-five*-Job vorstellen. Abwechslung böte ihr die Seefahrt, immer wieder Neues und Herausforderungen. Nach anfänglichem Wohnen auf der Fregatte mit wochenendlichen Zwischenfahrten in ihr Elternhaus nach Sachsen-Anhalt hat sie inzwischen eine eigene Wohnung in Wilhelmshaven. »Das Bordleben war mir dann doch irgendwann zu viel.« Dass Wilhelmshaven wenig aufregend, selten schön ist, stört sie schon, da hilft nicht einmal die viel gepriesene Nordseeluft. Bis vor einem Jahr hatte sie einen Freund, auch bei der Marine, auch auf einer Fregatte. Manchmal fuhren sie sogar gemeinsam, bis es Schönefeld zu eng wurde. »Wenn man privat und beruflich immer zusammen ist, das funktioniert für mich nicht.« Seit ihrer Trennung ist sie Single, Kinder kann sie sich nicht vorstellen. Noch weitere fünf Jahre lang wird Schönefeld Zeitsoldatin sein, ob sie danach Berufssoldat werden möchte, hat sie noch nicht entschieden. Bislang wäre ein Ausstieg aus dem Soldatenleben auch schwierig, denn für eine Meisterin der elektronischen Kampfführung gibt es in der zivilen Welt so gut wie keine Verwendung. Weil aber zu jeder Bundeswehrlaufbahn eine zivile Ausbildung gehört, wird Maria Schönefeld demnächst Verwaltungsfachangestellte.

18

»Wenn's scheppert, wird mir schlecht«

Verena Bromme, Stabsunteroffizier bei der Kampfmittelbeseitigung, Stetten am Kalten Markt

Stetten am Kalten Markt liegt auf achthundert Metern Höhe, fünfzehn Minuten Autofahrt von Sigmaringen und fünfzig Kilometer vom Bodensee entfernt. Die Gemeinde besteht aus 3700 Einwohnern – und den Soldaten einer Streitkräftebasis-Kaserne.

Der Ort macht im Herbst 2009 seinem Namen alle Ehre. Der Wind weht kalt, und während der Rest der Republik noch die letzten Strahlen des Sommers in Erinnerung hat, fällt in Stetten am Kalten Markt schon schüchtern der erste Schnee.

Auf dem Gelände der Kaserne bin ich unterwegs mit der dreißigjährigen Verena Bromme. Sie ist eine der wenigen Diensthundeführerinnen bei der Bundeswehr. Ein luftiger Job ist das, mehr draußen als drinnen, jeden Tag stundenlang unterwegs mit dem Hund.

Verena Bromme schreitet mehr, als dass sie geht. Mit weitem Maß, in schnellem Tempo. Hoch wirft sie das Frisbee für den Hund, und sie redet schnell, dass die Atemwolken aus ihrem Mund kaum einander weichen können. Mit jedem Satz, den sie spricht, wird ihr Gesicht ein wenig härter. »Gut, es heißt immer, die haben unterschrieben. Aber was wissen die denn? Die sind zu jung, viel zu jung, halbe Kinder sind das doch. Und man wird so alleingelassen.«

Allein? In einer Gemeinschaft, die aus 253 000[28] Soldaten besteht? Allein in einem Verbund, in dem das »Einer für alle, alle für einen« ein Credo ist? Allein in der Bundeswehr, die sich in denen, die für Freiheit und Sicherheit in die Fremde ziehen, Helden geschaffen hat?

Stabsunteroffizier Verena Bromme: Man staunt, wie unverblümt sie ist. Wie sie sich um Kopf und Kragen redet. »Ich hab nichts mehr zu verlieren. Übernächstes Jahr bin ich hier raus. Ich schulde nichts mehr.«

Die, die zu jung sind in Verena Brommes Augen, sind die Soldaten, die nach Afghanistan gehen. Über Afghanistan wollte ich eigentlich nicht reden, diesmal nicht. Weil die Frustration über die steten Standardsätze, die ewig gleichen Floskeln, schon groß genug ist. Weil die Frage, ob es noch um Freiheit geht, und wenn ja, um wessen Freiheit, bislang ohne Antwort blieb, jedes kritische Hinterfragen des Einsatzes am Hindukusch damit abgetan wurde, ein Soldat erfülle eben einen militärischen Auftrag.

Ohne dass man es erwartet hätte von dieser jungen sommersprossigen Frau mit dem dicken Pferdeschwanz, sind die Floskeln auf einmal fort. Kein Auftrag, keine Unterschrift unter einer soldatischen Verpflichtung umhüllt, was geschieht, wenn man in ein Land zieht, von dem sogar Verteidigungsminister Karl-Theodor zu Guttenberg im November 2009 sagte, dort herrschen »kriegsähnliche Zustände«.

Verena Bromme erzählt von ihren Afghanistaneinsätzen in Sätzen, in denen nicht die Begriffe Pflicht und

Aufgabe vorkommen, sondern diese: Angst, schlechte Erinnerungen, seelische Schmerzen.

»Manche, die in Afghanistan aufschlagen, sind gerade mal ein Jahr mit der Grundausbildung fertig, noch grün hinter den Ohren, noch lebensunerfahren«, sagt sie. Unzureichend ausgebildet, unzureichend ausgestattet seien diese dazu. »Wie im Zweiten Weltkrieg. Filzpuschen an und dann los, so kommt einem das im Feldlager manchmal vor.«

Wir wollten eigentlich über Diensthunde sprechen. Dann aber ziehen Erinnerungen vom Hindukusch durch das Gespräch, das Flattern der Burkas im Wind, die Unwirtlichkeit eines Landes, das von seinen Bewohnern schon Demut und Beugung verlangt. Was erst verlangt es den Fremden ab?

»Alles«, sagt Bromme. »Und manchmal noch mehr als das. Was da alles so abgeht, emotional, psychisch, das kann man nicht erzählen. Und das kann man sich hier nicht vorstellen, wie das dort ist. Krieg ist das. Krieg.«

Am Anfang des Gesprächs an diesem grauen Herbsttag hatte Verena Brommes vorgesetzter Major zu einem kurzen Kennenlernen und einem Kaffee in sein Büro eingeladen. Er sagte, er würde gern wissen, worum es ginge bei dem Interview. Er habe als Vorgesetzter schließlich die Pflicht, seine Soldatinnen zu schützen. Vor der Presse, mit der die Soldatinnen den Umgang nicht gewohnt seien.

Verena Bromme saß dabei, als gehörte sie dort nicht hin. Mit einer Aura von Distanz. Der schwarze Kajalstrich am unteren Rand ihrer Augen wirkte wie das Ausrufezeichen in einem Blick, der alles andere als schutzbedürftig ist.

Als wir uns vom Major verabschiedeten, sagte sie, dieses Gespräch sei eigentlich ihre Idee gewesen. Sie finde, das sei eine Sache der Höflichkeit. Eine Begrüßung durch den Vorgesetzten.

Der Bromme-Blick kommt aus grünlichen Augen, die ins Helle wechseln, wenn ihr etwas nahegeht: eine Frage, eine Erinnerung, eine Betrachtung. Und Verena Bromme geht vieles nahe, was sich in den Jahren ihrer Dienstzeit zugetragen hat. Manches machte sie wütend, manches traurig. Meistens war sie enttäuscht.

Sie ist Diensthundeführerin, eine von weniger als einem Dutzend Frauen, die in der Bundeswehr diese Position innehaben. Ihr Hund, ein Schäferhund mit Namen Cancer, ist darauf spezialisiert, Kampfmittel zu erschnüffeln: Sprengstoff, Chemikalien, Waffen und Munition. Seit vier Jahren trainieren die beiden, sind rund um die Uhr zusammen. Wo Verena Bromme ist, ist auch der Hund, wo der Hund ist, ist auch Verena Bromme. Nachts schläft er in ihrem Bett. Seinetwegen geht sie abends selten weg, fährt nicht in den Urlaub. »Ich fände es nicht richtig, das Tier in andere Hände zu geben.« Und seinetwegen hat sie ihren Zeitsoldatenvertrag noch um vier Jahre verlängert, von acht auf zwölf Jahre. Die vier angehängten Jahre entsprechen der Dienstzeit des Hundes. Weil Cancer danach zu alt sein wird, um als Spürhund für die Bundeswehr zu arbeiten – und sie ihn ihrem Arbeitgeber abkaufen kann. Wenn es etwas gibt, was ihrem Gefühl nach zu ihr gehört, dann ist es der Hund.

Wenn sie erzählt, dann vom Schaden, nicht vom Gewinn. Von einer Armee, in der viel »gebrabbelt und nur wenig davon gelebt wird«. Zwei Auslandseinsätze, die verheerend für ihre Seele waren. Übernächstes Jahr wird

Verena Brommes Laufbahn bei der Bundeswehr zu Ende sein. Sie wird nicht bei null anfangen müssen. Gefühlt aber schon. »Es ist einfach die Unsicherheit. Kann ich im Zivilleben noch Fuß fassen? Wo kann ich Fuß fassen?«

Vieles ist schiefgelaufen. Misslungene Werdegänge bei der Bundeswehr sind eine komplizierte Angelegenheit, in der es um Dienstgrade, Verwendungen und Beförderungen zur rechten Zeit geht. Warum in Brommes Fall der rechte Zeitpunkt verpasst wurde, ist für Außenstehende kaum verständlich, für Verena Bromme eine berufliche Katastrophe. Bis zu ihrem dreißigsten Lebensjahr hätte sie zum Feldwebel befördert werden müssen, doch gab es für Diensthundeführer zu dem Zeitpunkt keine Verwendung im Rang eines Feldwebels. Man habe es ihr anders versprochen, sagt sie. »Ich fühle mich im Stich gelassen. Und ich bin von mir selbst enttäuscht, weil ich denen hier geglaubt habe. Aber am Ende hat hier keiner für uns Diensthundeführer einen Finger gerührt.«

Dabei wäre sie bei aller Kritik gern bei der Bundeswehr geblieben. Weil sie ihren Job und das Soldat-Sein mag. Weil bei allem, was schiefgegangen ist, sie unter denen, die sie Kameraden nennt, gelebte Gemeinschaft erfahren hat.

Die Laufbahnverordnung, sie ist das eine. Und das andere, das ist wohl Verena Bromme selbst. Widerspenstig, trotzig, unbequem, individualistisch und nicht anpassungsfähig genug, so kennzeichnet sie sich. »Ich bin oft heftig. Ich sage, was mir in den Kopf kommt. Das sind Eigenschaften, die man bei der Bundeswehr besser nicht hat.«

Sie wuchs als einziges Kind einer alleinerziehenden Mutter auf dem Land auf, irgendwo in der Nähe von Gera. Tiere spielten in der Familie immer eine große Rolle. Die Großmutter in Bayern betrieb einen Gnadenhof für Tiere, die keiner mehr wollte, die Mutter hielt Hund und Katze. Bromme lernt Friseurin und hat das Gefühl, sie will »mehr vom Leben«. 2002 bewirbt sie sich bei der Bundeswehr für die Unteroffizierslaufbahn. Als sie zum Einstellungstest soll, liegt die Mutter mit Krebs im Krankenhaus. Verena Bromme will alles hinwerfen, sich um die Mutter kümmern. »So etwas tut man doch für seine Mutter, das ist doch selbstverständlich.« Die Mutter ist dagegen: »Bloß nicht, damit wird nichts besser.« Die Tochter fährt zum Test, besteht, wird schließlich vereidigt. »Dass meine Mutter nicht dabei sein konnte, war traurig.«

Die herzliche Verbindung zwischen Mutter und Tochter bleibt trotz örtlicher Trennung bestehen. Die Mutter gesundet, die Tochter besucht sie von ihren jeweiligen Dienstorten aus, so oft sie kann. »Ich erzähle ihr alles. Ich liebe meine Mutter sehr, und sie ist der Mensch, dem ich vertraue.«

Sie passt nicht, denke ich. Passt nicht zur Bundeswehr. Das ist zunächst ein subjektiver Eindruck, doch mit jedem Satz von ihr verstärkt sich das Gefühl. Sie hat etwas von einem Steppenwolf. Zu viel Eigensinn, zu viel Zugehörigkeit zu denen, die ihr verbunden sind – ihre Kameraden, ihre Familie –, zu viel Abstand zu den anderen, die in Machtpositionen sind, Befehle erteilen. Tiere scheinen ihr näher zu sein als Menschen. Sie träumt davon, später selbst einen Gnadenhof zu betreiben. »Aber dafür braucht man viel Geld. Das habe ich nicht.«

Wir gehen weiter, während wir reden. Zur Tagesroutine mit Cancer gehören lange Spaziergänge, täglich. Den Namen des Hundes findet sie furchtbar, doch er hieß nun mal so, als sie ihn bekam, war auf diesen Namen »dienstlich« dressiert. Wenn sie ihn ruft, ruft sie »Mäuschen«. Zu Hause nennt sie ihn Peppi, den Namen hat sie aus dem Comic *Das kleine Arschloch.* »Der Hund da ist auch durchgeknallt.«

Beim Gehen hebt sie oft den Arm, sie ist frisch tätowiert, und der Pullover klebt an der Wunde. Sie hat sich Cancers Foto auf den inneren Oberarm tätowieren lassen. Es ist nicht das erste Werk dieser Körperkunst, das sie schmückt. »*Hope dies last*« (»Hoffnung stirbt zuletzt«) steht auf dem Arm. Dann zieren noch ein Drache, ein Schutzengel und ein chinesisches Schriftzeichen ihre Haut.

Cancers Befindlichkeit nimmt ihr ganzes Leben ein. Zweimal, 2007 und 2009, waren sie zusammen in Afghanistan: Cancer auf der Suche nach Sprengstoff und anderen Dingen, die Verena Bromme nicht genau beschreiben darf, seine Herrin als Begleiterin und Führerin an seiner Seite. »Im Einsatz ist der Hund meine Lebensversicherung. Geht es ihm schlecht oder habe ich ihn nicht anständig behandelt, dann arbeitet er auch nicht richtig. Und dann wird die nächste Explosion, die wir beide erleben, das letzte Licht sein, das wir sehen.«

Als sie zum ersten Mal nach Afghanistan fliegt, glaubt sie, sie breche in ein Abenteuer auf. Von der Welt hat sie bislang nicht viel gesehen, ist selten gereist. In Afghanistan, denkt sie, kann sie etwas bewirken. »Mir taten die Leute dort leid, und ich dachte, wir können Sicherheit schaffen und damit etwas für sie tun.«

Der Idealismus überdauert den Einsatz nicht. Bald

fühlt sie sich nur noch in Gefahr. »Heute sind mir die Afghanen egal, und das Land ist mir unheimlich. In Kunduz ist es so unglaublich grün, aber man kann dieses Grün nicht ertragen. In jedem Baum, in jedem Busch sieht man eine Falle, überall könnte ein Attentäter stehen. Die Taliban zwingen die Zivilbevölkerung, mit ihnen zu kooperieren. Da sagt einer zu einem Bauern: ›Wenn ich von deinem Land keine Rakete auf das Camp der ISAF-Soldaten abschießen kann, dann töte ich deine Familie.‹ Jeder kann einen ermorden wollen.«

Als sie im Mai 2009 zum zweiten Mal für drei Monate nach Kunduz entsandt wird, steht das Camp in den folgenden Wochen mehrfach unter Beschuss. Am 23. Juni ertrinken drei junge Soldaten in ihrem Panzer, nachdem sie während einer Patrouillenfahrt angegriffen worden waren und bei einem Ausweichmanöver in einem Wassergraben landeten. »Bei der Trauerfeier im Camp sind etliche Soldaten zusammengebrochen. Die haben geweint wie Babys. Danach sind einige gekommen und haben mich gefragt, ob sie mal mit dem Hund kuscheln dürfen. Die haben sich dann eine halbe Stunde zum Hund in seinen Container gelegt und einfach nur geweint. So fertig waren die, und ich selbst damals auch.«

Ihren Geburtstag am 1. Juli will sie in Kunduz nicht feiern. »Da waren die Soldaten noch nicht einmal begraben. In einer solchen Situation hielt ich das für unangemessen.« Die Kollegen sagen, »komm, das Leben geht weiter«, und malen ihr ein Transparent. »30 Jahre« steht darauf. Von ihrem Vorgesetzten aus Deutschland erhält sie keinen Anruf. »Während des ganzen Einsatzes hat sich von meiner Führung keiner bei mir gemeldet. Dabei betont die Bundeswehr immer, wie sehr sie sich um ihre

Soldaten kümmert. Ich hab meinem Vorgesetzten gesagt, wie enttäuscht ich darüber gewesen sei.«

Inmitten des Feldlagers versucht Verena Bromme sich und Cancer ein Nest zu schaffen. Der Hund, so ihr Eindruck, leidet auch, ist nervös und verängstigt durch die Einschläge, spürt die bedrückte Stimmung im Lager. In Blumenkästen, die ihr ein befreundeter Soldat baute, pflanzt sie Sonnenblumen. Die Samen hat ihre Familie in einem großen Paket geschickt. Fünf Kilo Futter für die Vögel, die die Feldjäger in einer Voliere halten, waren auch darin. Und ein Haufen Hundeknochen für Cancer. »Und ich wurde mit zwei Tüten Gummibären abgespeist«, sagt sie lachend. »Meine Oma hat wohl gedacht, ich krieg da genug zu essen. Aber der Hund und die Vögel nicht.«

Als sie vom zweiten Einsatz zurückkommt, fühlt sie sich beschädigt. Sie mag mit niemandem reden, zieht sich zurück, grollt ihren Vorgesetzten, die sie dort hinschickten, ohne einmal zu fragen, wie es ihr ergangen sei. »Man vertraut in Afghanistan niemandem mehr. Im Camp geschehen Dinge, die nicht geschehen sollten. Ich finde, man sollte nicht so viel Ortskräfte haben. Jeder von denen kann ein Verräter sein, weil man ihn dazu zwingt. Und das Misstrauen gegen die anderen hört nicht einfach auf, wenn man wieder hier ist. Man trägt das tief in sich.«

Plötzlich fühlt sie sich nicht mehr als Teil einer großen Gruppe, nicht mehr aufgehoben in den Strukturen der Bundeswehr. Sondern allein. »Meine Mutter wusste nach meiner Rückkehr gar nicht, wie sie mit mir umgehen sollte. Ich war so emotional, ich bin es immer noch. Ich bin schnell am Heulen, aber auch schnell auf 180.«

Ihr Freundeskreis besteht nur aus Soldaten. Von den alten Freunden und Bekannten aus Schultagen sind wenige geblieben. »Ein Teil von ihnen hatte schon kein Verständnis, dass ich zur Bundeswehr ging, den Rest habe ich durch die vielen Versetzungen und durch meine Auslandseinsätze verloren. Man gehört eben irgendwann nicht mehr dazu.«

Nach Afghanistan hat sie das Gefühl, nur noch von denen verstanden zu werden, die mit im Einsatz waren. »Das Unverständnis bei allen anderen ist groß. Von Leuten aus dem Zivilleben kommt stets die Frage: ›Was macht die Bundeswehr in Afghanistan?‹ Abgesehen davon, dass ich nicht immer Rede und Antwort stehen will, weil dann auch wieder Erinnerungen hochkommen, sag ich immer: ›Was hab ich damit zu tun? Das ist Politik. Fragt die Politiker.‹«

Schlimmer für eine wie Verena Bromme, die den Hund über alles stellt, sind die Schäden, mit denen Cancer vom Hindukusch zurückkam. Angstattacken etwa. »Wenn es irgendwo knallt, dann versteckt er sich. Er ist schreckhaft und manchmal nervös.« Sie wohnt direkt neben dem Schießübungsplatz. Wenn Nachtschießen ist, schrecken der Hund und sie auf, früher hatte es sie beide nie gestört. »Wenn es irgendwo scheppert, dann wird mir noch immer schlecht.«

Seit ihrem Einsatz in Kunduz macht sie Yoga. Das hilft. Psychologische Hilfe will sie nicht. Einmal, schon vor der Zeit in Afghanistan, war sie bei ihrer Truppenpsychologin. »Die ist selbst nie im Einsatz gewesen. Ich habe sie gefragt, wie sie mir denn helfen wolle, wenn sie keine Ahnung hat, wovon sie spricht?«

Die Bitterkeit darüber, einer Situation ausgesetzt gewesen zu sein, der sie nicht gewachsen war, ist geblieben. Sie klagt an: Die Politiker, die kein Rückgrat haben und nicht ehrlich sind. Die »herumeiern« und nicht von einem Krieg reden, obwohl es doch das sei, was die Soldaten erlebten und erleben. Und die Bundeswehr, die ihre Leute nicht auffängt. »Die Soldaten, die aus Afghanistan zurückkommen, im Sarg oder traumatisiert, die sind doch noch nicht einmal richtig versichert. Wer sorgt denn für die Hinterbliebenen? Man kann doch niemanden fortschicken und die Familie ist nicht abgesichert.«

Verena Bromme ist Single. Sie kann sich nicht vorstellen, wie eine Partnerschaft in ihrer Situation funktionieren soll. Der Hund ist wie ein Kind, nicht nur Teil ihres Dienstes, sondern auch Mittelpunkt ihres Privatlebens. Sie glaubt zudem nicht, dass Bundeswehr und Familie sich vereinbaren lassen. »Ich finde, eine Zeitsoldatin sollte keine Kinder kriegen. Die Bundeswehr ist eine Armee, und Armee und Familie, das geht nicht zusammen. Es sind doch immer noch die Frauen, die die Kinder großziehen, und wer soll denn auf die aufpassen, wenn die Mutter zu Lehrgängen muss, Überstunden macht, ins Ausland in den Einsatz geht. Und man wird auch noch dauernd versetzt. Wenn man später Berufssoldat ist, ist man ja meist in einer festen Position verankert, dann ist das was anderes. Aber eine Zeitsoldatin, die in Mutterschutz geht, die blockiert erst mal eine Stelle, die eine andere dringend gebrauchen könnte.«

Aber Verzicht auf Kinder? Würde das nicht bedeuten, dass der Frauenanteil bei der Bundeswehr gering bliebe?

»Man sollte sich das eben aufsparen, bis man wieder im zivilen Leben ist oder Berufssoldat und an einem Ort bleibt. Die Bundeswehr denkt jetzt erst darüber nach,

Betreuungsplätze in den Kasernen einzurichten, als hätten die vor zehn Jahren nicht schon gewusst, dass Frauen schwanger werden können. In der Grundausbildung hatten wir eine Frau mit einem acht Monate alten Kind. Das war ein Theater. Jede Nacht hat die vor Heimweh nach ihrem Kind geheult, und wir konnten nicht schlafen. Am Ende hat das Jugendamt das Kind geholt, und sie flog bei der Bundeswehr raus.«

Neben Cancer leben in Brommes Dreizimmerwohnung noch Fische, die sie vom Vater »geerbt« hat. Zu dem hatte die Tochter immer wenig Kontakt, und als er vor drei Jahren starb, traf es sie deswegen umso härter. »Das war ein fieser Einschnitt in meinem Leben.« Zwei der Fische hat sie nach den Vornamen der Eltern benannt. Dann sind da noch sieben Wellensittiche und zwei Vogelspinnen, von denen die eine so heißt wie ein Oberst. Cancer hat »ein halbes Dutzend Körbchen und mehr Spielzeug als manches Kind«. Wenn sie fort ist, schaut die Nachbarin nach dem Rechten. »Als ich mitten in der Nacht aus Afghanistan wiederkam, war ein Willkommensschild von ihr in meiner Wohnung und Blumen. Da hab ich erst einmal eine Runde heulen müssen.«

Nun, da Verena Bromme weiß, dass sie keine Berufssoldatin werden wird, tauchen Zukunftsängste auf. »Dass ich einen Diensthund geführt habe, das interessiert im zivilen Leben niemanden.« Die Bundeswehr bietet für den Übergang ins zivile Leben eine Berufsförderung: eine bezahlte Weiterbildung, der sich die aussteigenden Soldaten während der letzten Dienstmonate oder auch Jahre widmen dürfen. Sie macht eine Fernausbildung zur Tierpsychologin, danach eine weitere für allgemeine

Psychologie. »Ich möchte nicht dumm dastehen, wenn ich hier rauskomme.«

2010 wird sie ein drittes Mal nach Afghanistan gehen. Wahrscheinlich ohne Cancer. »Ob der noch mal mit kann, das glaube ich nicht. Der dreht noch immer ab und zu durch, eigentlich geht das nicht.«

Warum tut sie sich das ein weiteres Mal an? »Weil das mein Einsatz ist. Für so etwas bin ich ausgebildet. Mit meiner Arbeit helfe ich den Kameraden. Wir haben zu wenig Diensthundeführer bei der Bundeswehr, da wird jeder gebraucht.«

Und was wird sie tun, wenn sie wieder im zivilen Leben ist, außer sich einen neuen Job zu suchen? »Vielleicht schreibe ich ein Buch über Afghanistan. Ich hätte zwar ein wenig Angst, mich wieder an alles zu erinnern, ich würde dabei bestimmt auch viel heulen – aber ich möchte endlich alles erzählen.«

19

Zu guter Letzt: Es war nicht alles tutti

Es ist eine Welt gegen die Welt zu halten, beschrieb der Schriftsteller Uwe Johnson in seinen Frankfurter Vorlesungen einmal den Sinn der Literatur.

Eine Welt gegen die Welt zu halten, war während der Arbeit an diesem Buch die größte Herausforderung. Die stete und über Monate anhaltende Beschäftigung mit bundeswehrimmanenter Logik und entsprechender Sprache hatte bisweilen etwas Verwirrendes. Die Welt des Militärs und die Welt des Zivilisten, sie schienen zwei sehr verschiedene.

Dabei war die Bundeswehr durchaus kooperativ. Alle Gesprächspartner waren stets freundlich und höflich, zuvorkommend und bemüht. Das Ausmaß der Kontrolle, der ich mich ausgesetzt sah, erschreckte indes. Zunächst ging man bei den Streitkräften selbstverständlich davon aus, alle Interviews mit den weiblichen Soldaten sollten in Gegenwart des jeweiligen Vorgesetzten oder des Presseoffiziers geführt werden. Dass es in einer solchen Umgebung kaum zu einem ehrlichen Gespräch kommen kann, die Protagonistinnen keine kritischen Töne anschlagen werden, dieses Argument drang zwar durch, fiel aber nicht ins Gewicht. Denn natürlich war das das Anliegen: nicht angemessene Stellungnahmen zu vermeiden. Begründet wurde die Anwesenheit eines Vorgesetzten mit der Angst der Soldatinnen vor der Presse, immerhin seien all diese Frauen ja keine Profis, sondern unerfahren mit den Medien, und da könne schon mal dieses oder jenes unter dem Druck des Journalisten entschlüpfen. Und davor wolle man die Befragten bewahren.

Schwer nur ließ sich dadurch der direkte Kontakt zu den Soldatinnen herstellen, stets war ein Vorgesetzter dazwischengeschaltet, und jeder Versuch, das zu umgehen, scheiterte an der tiefen Überzeugung, Vertrauen sei gut, Kontrolle aber besser. Zwar war von Beginn an klar, dass ein Buch über Frauen in der Bundeswehr mitnichten nur positive oder gar werbende Töne anschlagen wird, und dennoch wollte man gern in der Hand haben, was in ihm stehen würde.

Einzig der Kompromiss, die Texte vor Veröffentlichung nicht nur den Interviewpartnerinnen zu zeigen (was verständlich und fair ist), sondern auch dem jeweiligen Chef, machten die Beiträge überhaupt erst möglich. Trotz der Abmachung, dass sich Einwände lediglich auf Zitate und Fakten beziehen dürften, wurde dennoch versucht, den Inhalt zu beeinflussen. Gewollt war die Herausstellung der großen Leistungen der Soldatinnen und der nicht weniger großen Bemühungen der Bundeswehr, ein moderner Arbeitgeber zu sein. Beides sollte nicht infrage gestellt werden. Reflexionen der Autorin sollten gestrichen werden, besonders Passagen zu Afghanistan erregten tiefes Missfallen.

So blieb am Ende der Eindruck einer Parallelwelt mit

einer eigenen Sprache und einem autoritären Selbstverständnis. Schelte bekommt man als Journalist viel, nie zuvor aber habe ich so viel bekommen wie bei der Bundeswehr. Zudem begibt man sich in ein Gestrüpp aus Hierarchie, Zuständigkeiten und Kompetenzen. Nicht nur die Presseämter der einzelnen Teilstreitkräfte wurden mir »zur Seite gestellt«, auch die Vorgesetzten und manchmal noch die Vorgesetzten der Vorgesetzten wurden eingeschaltet. Mancher Ansprechpartner wurde im Laufe der Recherchen versetzt und damit als Gesprächspartner ersetzt. Kurzum: Für jemanden, der die internen Bundeswehrstrukturen nicht kennt, präsentierte sich der enorme Apparat als amorphe Substanz mit zäher Fließgeschwindigkeit. Wer zu welchem Thema anzusprechen ist, welche Zuständigkeit erfüllt sein muss und wer auf welcher Ebene in der Hierarchie steht, nun, es dauerte, dies herauszufinden – und bis zum Schluss blieb manches ein Rätsel.

»Alles tutti in Djibouti« ist ein Spruch, den die Feldjäger im Einsatzgebiet am Horn von Afrika prägten. »Alles tutti« könnte für die gesamte Bundeswehr gelten. Denn das ist der Eindruck, den man offenbar erwecken will. Kritische Nachfragen werden gern mit markigen Argumenten beiseitegewischt. Da weiß ein Soldat, auf was er sich einlässt, wofür er unterschreibt, da wird wenig über den Sinn und die Gefahr von Auslandseinsätzen nachgedacht. Ein mit Vorliebe geäußerter Satz: Die Bundeswehr setze schließlich nur um, was die Politik beschlossen habe – das klingt so, als gäbe es keine Lobby von Generälen im Verteidigungsministerium. Der Einsatz in Afghanistan, das heißeste Thema in der Bundeswehr selbst und der öffentlichen Diskussion über die Bundeswehr, wird vielleicht von der einen oder anderen (dem einen oder anderen) Soldatin (Soldaten) kritisch gesehen, vielleicht sogar abgelehnt, die Debatte darüber aber vielfach mit einem achselzuckenden »das hat der Bundestag, nicht die Bundeswehr entschieden« beendet. Man erfülle dort seine Pflicht, seine Aufgabe, man schütze Deutschland – Punkt. Keine eigene Reflexion.

Probleme? Gibt es nicht, und wenn doch, dann werden sie gelöst, rein pragmatisch. Alles funktioniert bei der Bundeswehr, und wenn es nicht funktioniert, dann gehört auch das zum gesamtmilitärischen Auftrag. Alles wäre tutti, wenn nicht die Presse wäre, die immer das Verkehrte schreibt, die zu unfair ist oder nicht verstehen will, worum es eigentlich geht. Und wenn nicht die Öffentlichkeit wäre, die den Einsatz der Soldaten nicht zu würdigen weiß, von Afghanistan und Djbouti überhaupt keine Ahnung hat und daheim bequem im Wohnzimmer sitzt, während die Soldaten ihr Leben riskieren oder unter extremen Bedingungen das Vaterland oder die Menschenrechte verteidigen. Natürlich ist mancher Bericht über die Bundeswehr unfair, doch ist sie kaum die einzige Institution, die unter journalistischen Schmierfinken zu leiden hat.

Das »alles tutti« relativiert sich erst auf der höheren Ebene wieder, da, wo ein General, ein Admiral oder bisweilen auch schon ein Major mit der bisherigen Karriere zufrieden sind. Oder vielleicht schon lange genug bei der Bundeswehr, um klar sehen zu können. Auch bei den Mannschaftsdienstgraden herrscht manchmal mehr Offenheit, wird das »alles tutti« nicht mitgetragen. Nur: In diesen Bereichen hat man noch viel zu verlieren, denn ab einem gewissen Dienstgrad hängt die Beförderung vom Wohlverhalten ab, ebenso bei der Entscheidung, ob jemand die Berufssoldatenlaufbahn einschlagen darf.

Deshalb befolgt jeder Soldat, jede Soldatin das, was die Bundeswehr als Leitlinie für den Umgang mit Medien ausgegeben hat: »Seien Sie höflich und freundlich, aber zurückhaltend.« Deshalb wird vieles auf die Goldwaage gelegt. Nicht, dass die Bundeswehr nicht auch Kritik zuließe, die freie Meinungsäußerung achte. Aber ob mit dieser dann noch Karriere zu machen ist, das steht offenbar auf einem anderen Blatt.

Unter diesen Umständen ein Buch zu schreiben, war schwierig. Am Ende durften, nach langen Verhandlungen, die meisten Interviewpartnerinnen mit mir alleine sprechen. Und sie taten es zum Teil erstaunlich offen, mit Grips und Witz. Dort, wo eine sich die Würmer aus der Nase ziehen ließ, stand sie nicht freiwillig zur Verfügung, sondern war mit sanftem Nachdruck auserwählt worden. Diese Interviews haben keinen Eingang in dieses Buch gefunden.

Interesse, sich zum Thema »Frauen in der Bundeswehr« zu äußern, bestand bei weit weniger Frauen, als anfangs angenommen. »Ist es nicht endlich mal vorbei mit der Neugier der Presse an uns«, haben viele gesagt. Oder: »Wir wollen nichts Besonderes sein.« Dahinter steckt auch die Angst, man könnte ihnen die spezielle Aufmerksamkeit als Bonus vorwerfen. Fast jede Interviewpartnerin hat an dem einen oder anderen Punkt des Gesprächs von dem Druck berichtet, der dadurch entsteht, dass man ihnen von vornherein unterstellt, nicht so gut wie die Männer zu sein. Um diesem Klischee zu entkommen, müssen sich die Frauen besonders anstrengen; jede Blöße, jede Schwäche kann eine zu viel sein. Im internen Sprachgebrauch, so berichtet eine Soldatin, wird die angebliche Bevorzugung von Frauen »Tittenbonus« genannt.

Der Blick von außen ist immer ein anderer als der von innen. Die befragten Frauen haben sich nicht über Unfreiheit beklagt. Vielleicht, weil sie zufrieden sind, in Strukturen zu leben, oder weil nichts so heiß gegessen wie gekocht wird. »Die Bundeswehr ist nur ein Spiegel der Gesellschaft«, auch das hörte ich oft. Daher ist es schwer, verallgemeinernde Aussagen zu machen. Würde ich meinen Töchtern empfehlen, zur Bundeswehr zu gehen? Um Sicherheit zu haben, eine gute Ausbildung und ein anständiges Salär zu erhalten? In diesen Zeiten der wirtschaftlichen Unsicherheit? Nein, definitiv nicht. Ich wünsche ihnen einen freien Geist, fliegende Gedanken und grenzenlose Visionen. Und dass sie sich den Kriegen dieser Welt höchstens helfend, nie kämpfend nähern müssen.

Anhang

Quellennachweis

1 Siehe dazu: Frauen in der Bundeswehr, hrsg. vom Bundesministerium der Verteidigung im Juli 2000

2 Ebenda

3 Gerhard Kümmel und Ines-Jacqueline Werkner (Hrsg.): Soldat, weiblich, Jahrgang 2001. Sozialwissenschaftliche Begleituntersuchungen zur Integration von Frauen in der Bundeswehr. Erste Befunde. Strausberg 2003

4 Ebenda, S. 92

5 Siehe: *Am Puls der Zeit*; www.if-zeitschrift.de

6 Gerhard Kümmel: Truppenbild mit Dame. Eine sozialwissenschaftliche Begleituntersuchung zur Integration von Frauen in der Bundeswehr. Sozialwissenschaftliches Institut der Bundeswehr. Forschungsbericht März 2008, S. 15

7 Frauen in der Bundeswehr, a. a. O.

8 Gerhard Kümmel: Truppenbild mit Dame, a. a. O., S. 15

9 Ebenda, S. 53

10 Ebenda, S. 64

11 Gerhard Kümmel und Ines-Jaqueline Werkner (Hrsg.): Soldat, weiblich, Jahrgang 2001, a. a. O.

12 www.bmvg.de/portal/a/bmvg/ministerium?yw_contentURL=/C1256F1200608B1B/W27N8EJC542INFODE/content

13 http://dip21.bundestag.de/dip21/btp/14/062/14069062.46.pdf

14 Gerhard Kümmel und Ines-Jaqueline Werkner (Hrsg.) Soldat, weiblich, Jahrgang 2001, a. a. O.

15 www.emma.de/grosse_themen_frauen_im_militaer0.html

16 Klaus Schrotthof: »Frauen ans Gewehr«, Focus Nr. 4, 1996, siehe auch: www.focus.de/politik/deutschland/bundeswehr-frauen-ans-gewehr_aid_157629.html

17 Ebenda

18 Sibylle Raasch: »Abschied vom Klischee der friedfertigen und schwachen Frau«. In: *Frankfurter Rundschau* vom 14. Juni 2000

19 Ebenda

20 Anne Rieger: »Frauen an die Waffen?« Rede beim Ostermarsch 2000 in Kassel, nachzulesen unter: www.uni-kassel.de/fb5/frieden/bewegung/rieger.html

21 Auf der Internetseite der Bundwehr: »Starke Truppe. Immer mehr Frauen entscheiden sich für die Bundeswehr«; siehe: www.bundeswehr.de/portal

22 Gerhard Kümmel: »Die Richtung stimmt.« Interview vom 21. April 2008 zum jüngsten Forschungsbericht des Sozialwissenschaftlichen Instituts zum Thema »Frauen in der Bundeswehr«; siehe: www.bundeswehr.de/portal

23 Stabsabteilungen in der Bundeswehr sind für die Bearbeitung von Sachgebieten zuständig. Stabsoffiziere unterstützen und beraten den Kommandeur oder Kommandierenden General.

24 Gerhard Kümmel: Truppenbild mit Dame, a. a. 0., S. 84

25 www.derwesten.de/nachrichten/waz/politik/2009/2/3/news

26 www.welt.de/die-welt/vermischtes/article5320553/Die-Krankheit-der-Kriegerinnen.html

27 Franka Maubach und Silke Satjukow: Zwischen Emanzipation und Trauma: Soldatinnen im Zweiten Weltkrieg (Deutschland, Sowjetunion, USA). Ein Vergleich. München 2009, S. 347–384

28 Stand 12. Oktober 2009

Dienstgrade der Bundeswehr

Die Dienstgrade bei den Streitkräften gliedern sich in die Laufbahnen Offiziere, Unteroffiziere und Mannschaften:

1. Heer und Luftwaffe
Offiziere: General, Generalleutnant, Generalmajor, Brigadegeneral, Oberst, Oberstleutnant, Major, Stabshauptmann (nur militärfachl. Dienst), Hauptmann, Oberleutnant, Leutnant

Unteroffiziere: Oberstabsfeldwebel, Stabsfeldwebel, Oberfähnrich*, Hauptfeldwebel, Oberfeldwebel, Fähnrich*, Feldwebel, Stabsunteroffizer, Fahnenjunker*, Unteroffizier

Mannschaften: Oberstabsgefreiter, Stabsgefreiter, Hauptgefreiter, Obergefreiter, Gefreiter, Soldat

---

* nur für Offiziersanwärter, alle anderen überspringen diese Dienstgrade

2. Marine

Offiziere: Admiral, Vizeadmiral, Konteradmiral, Flottenadmiral, Kapitän zur See, Fregattenkapitän, Korvettenkapitän, Stabskapitänleutnant (nur militärfachlicher Dienst), Kapitänleutnant, Oberleutnant zur See, Leutnant zur See

Unteroffiziere: Oberstabsbootsmann, Stabsbootsmann, Oberfähnrich zur See*; Hauptbootsmann, Oberbootsmann, Fähnrich zur See*, Bootsmann, Obermaat, Seekadett*, Maat

Mannschaften: Oberstabsgefreiter, Stabsgefreiter, Hauptgefreiter, Obergefreiter, Gefreiter, Matrose

Besonderheiten der Dienstgrade bei den Sanitätsoffizieren sind hier nicht aufgelistet.

---

* nur für Offiziersanwärter

Dank

All »meinen« Protagonistinnen vielen Dank für ihre Zeit und die Offenheit gegenüber meinen Fragen. Dank auch an einige Männer, die in diesem Buch zwar nicht vorkommen, aber erklärten und halfen: Robert Gericke, Christoph Kohlmorgen und Steven Wernecke. Besonderen Dank an Guido Hedemann, der stets engagiert unterstützte und sich für die Freiheit der Gedanken einsetzte.

Dank an Britta Hansen vom Diana Verlag, die starke Nerven behielt, wenn meine dünn waren. Und an meine Lektorin Regina Carstensen, die mir mit großer Geduld, Sanftmut und leichter Hand über die Klippen half.

Bildnachweis

Seite 1
Manuela Chardon, © Stefan Volk

Seite 2
Katrin Brandt, © privat

Seite 3
Jasmin Zenger, © Andrea Jeska

Seite 4/5
Verena Bromme, © Andrea Jeska

Seite 6
Maria Schönefeld, © Andrea Jeska

Seite 7
Helena Linder, © privat

Seite 8
Meryem Özsu, © privat